미중전쟁의 승자,
누가 세계를 지배할 것인가?

중국편

미중전쟁의 승자, 누가 세계를 지배할 것인가?

이성현 지음

중국편

책들의정원

미중 관계의 현실은 '경쟁'

2018년 9월 27일 워싱턴 주미 중국대사관에서 열린 중국 국경절國慶節 1 기념행사에 참가한 백악관 국가안전보장회의NSC, National Security Council의 매트 포틴저Matt Pottinger 아시아담당 선임보좌관은 유창한 중국어로 공자의《논어論語》를 인용했다.

"名不正, 則言不順; 言不順, 則事不成이름을 바르게 아니하면 말이 순하지 않고, 말이 순하지 아니하면 일이 이루어지지 않는다."

무슨 뜻이었을까?

"우리 트럼프 행정부는 중국 정책을 업데이트 했다. 그리고 '경쟁 competition'의 개념이 가장 앞에 서게 됐다. 이것은 대통령의 국가안보전략NSS

에서도 가장 우선순위이다."²

포틴저는 이 새로운 명칭에 대해 의견이 분분하다고 운을 뗀 뒤, "이것은 공자가 말했듯이 '이름'을 바로잡는 일이다"라고 했다. 더불어 "미중 관계의 현실을 반영하게끔 명칭을 '경쟁'으로 바꾼 것이다"라고 선언했다.

이 말로 인해 난리가 났다. 포틴저 바로 앞에 연설을 했던 추이톈카이崔天凱 주미 중국대사는 미국과 중국의 '협력cooperation'을 강조했는데, 미 정부 대표로 축사하러 온 포틴저는 미국과 중국이 이제부터 '경쟁'의 시대로 들어간다고 말했기 때문이다. 그리고 '경쟁'이란 단어가 미중 관계의 현실을 제대로 규정하는 '이름'이라고 한 것이다.

포틴저가 인용한《논어》의 후반부는 다음과 같이 이어진다.

"君子名之 必可言也 言之 必可行也군자가 이름을 붙이면 반드시 말할 수 있어야 하고, 말할 수 있으면 반드시 행할 수 있어야 한다."

이는 말로만이 아니라 행동으로 옮겨야 한다는 뜻이다. 즉 행동으로 보여주겠다는 것이다. 포틴저는 자신이 인용한 말의 후반부에 이 말이 나온다는 것도 당연히 알고 있었을 것이다. 한국의 언론은 간과했지만 후대의 역사는 그의 발언을 미중 관계에서 한 획을 긋는 중요한 사건으로 기록할 것이다.

도표 1. 미중 경제성장률

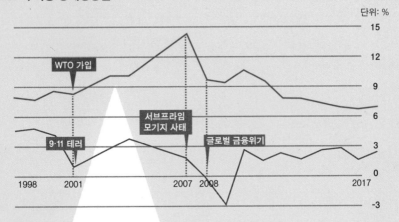

단위: %

출처: 박현영, "[박현영의 글로벌 인사이트] 2018년 미·중 무역 갈등, 씨앗은 2001년 뿌려졌다", 중앙일보, 2018.9.27., HYPERLINK "https//news.joins.com/article/22999741"https://news.joins.com/article/22999741

　　미중 무역전쟁이나 미중 경쟁은 중국이 손을 들고 항복하면 쉽게 끝날 일이다. 그런데 그것이 쉽지 않다는 것이 문제이다. 이 책은 그것에 대해 설명하고 있다. 왜 미중 갈등이 구조적 단계로 들어섰는지, 왜 미국과 중국 양쪽 모두 쉽게 양보할 수 없는지, 왜 '싸우면 둘 다 손해'인 줄 알면서도 무역전쟁은 지속될 것인지, 왜 무역전쟁은 '봉합'을 한 듯하다가 다시 악화되고, 다시 봉합 그리고 다시 악화를 거치면서 전반적으로 미중 관계가 하향평준화의 낙하 포물선을 그리면서 점진적으로 악화될 것인지를 설명하고자 한다. 또한 왜 미국이 중국에 단단히 '화'가 났는지도 보여준다.

　　무엇보다 시진핑習近平이란 중국 국가주석을 주목할 필요가 있다. 미중 경쟁에서 시진핑은 미 대통령인 도널드 트럼프Donald Trump보다 훨씬 더 중

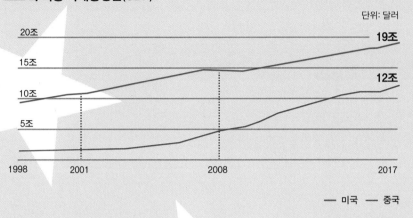

도표 2. 미중 국내총생산(GDP)

단위: 달러

20조
19조

15조

10조
12조

5조

1998   2001   2008   2017

— 미국 — 중국

자료: 세계은행
출처: 박현영, "[박현영의 글로벌 인사이트] 2018년 미·중 무역 갈등, 씨앗은 2001년 뿌려졌다", 중앙일보,
2018.9.27., HYPERLINK "https//news.joins.com/article/22999741"https://news.joins.com/article/2
2999741

요한 인물이다. 트럼프는 한정된 기간 동안에만 미국을 이끌지만 시진핑은
헌법 개정을 통해 장기집권의 길을 연 지도자이다. 어쩌면 우리는 앞으로 30
년 이상 북한의 김정은, 그리고 중국의 시진핑을 상대하고 살아야 할지도 모
른다.

2019년 2월 중국공산당 중앙위원회가 발행하는 이론지 〈구시求是〉에는
시진핑의 글이 한 편 실렸다. 그는 중국식 사회주의에서 '법치'라는 개념이
어떤 것인지를 확실하게 설명했는데, 이는 중국이 '절대로 서방식 헌정, 삼
권분리, 사법부 독립의 길을 선택해서는 안 된다決不能走西方 "憲政", "三權鼎
立", "司法獨立" 的路子[3]고 강조하는 내용이었다. 미중 갈등이 심화되고 있는
현 시점에서 나온 훈시성 성격의 내용이었다. 즉 '서방의 가치에 흔들리지 마

도표 3. 미국의 對中 수출입 추이

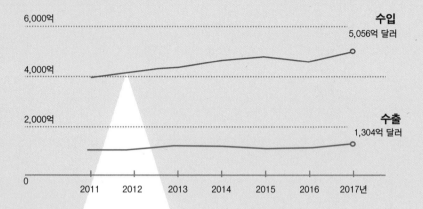

자료: 미국 상무부
출처: 김덕한·김승범, "한국, 美中 무역전쟁 사이 '위험한 시험대'", 조선일보, 2018.3.23., HYPERLINK "http
//biz.chosun.com/site/data/html_dir/2018/03/23/2018032300340.html"http://biz.chosun.com/site/da
ta/html_dir/2018/03/23/2018032300340.html

라'는 것이다. 중국 지도자들이 말하는 '서방'이란 대개 '미국'이란 단어로 대
치하면 그 뜻이 명확해진다.

전 세계가 시진핑을 주목하는 이유는 그가 기존의 중국 지도자들과 차원
이 다른 인물이기 때문이다. 시진핑은 정말로 마음속으로 사회주의를 신봉하
는 사람이다. 그는 우리가 살고 있는 21세기에 사회주의를 실현하려고 한다.

그리고 시진핑은 꿈을 꾼다. 바로 '중국몽中國夢'이다. 중국몽은 '중화민족
의 위대한 부흥'으로 요약되는데, 이는 2017년 10월 중국공산당 19차 전국대
표대회黨 대회에서 그가 말한 '시진핑 신시대 중국특색사회주의習近平新時代中國
特色社會主義'를 2050년까지 구현하는 것을 의미한다.[4]

그때까지 경제적으로, 군사적으로 서방 선진국 수준에 견주는 사회주의

중국을 건설한다는 것이다. 그런데 사실상 속내는 그때까지 미국을 초월하여 세계 유일의 슈퍼파워가 되는 것이다. '미국 초월超越美國'은 150여 년 전 아편전쟁으로 세계 슈퍼파워의 지위를 상실하고 치욕을 겪은 중국이 다시 과거의 영화로운 '중화민족의 위대한 부흥'의 마땅한 지위를 회복함을 의미한다. 시진핑은 그 역사적 사명을 두 어깨에 짊어진 중국 지도자이다. 그러다 보니 반드시 주목해야 할 인물이다.

그는 결코 미국에 고개를 숙이지 않을 것이다. 미중 무역전쟁에서 그가 타협을 구한다면 분명 전술적 차원 때문일 것이다. 중국몽은 시진핑의 북극성, 즉 앞으로 나아가는 데 기준이 됨을 의미한다. 그가 향하고자 하는 전략이 변하지는 않을 것이다.

한국이 미중 관계에 관심을 갖는 이유

한국은 강대국들 사이에서 '종속 변수'로 작용하는 가슴 아픈 지정학적 경험을 해왔기 때문에 미중 관계에 관심을 가질 수밖에 없다. 특히 미중 관계가 악화될 때 북한 문제를 포함한 한반도 현안의 조정이 더욱 힘들어지기 때문이다. 또한 미중 관계 악화에 따라 양 강대국 사이에서 포지셔닝positioning에 가장 어려움을 겪을 수 있다. 거친 국제 정세에서 두 강대국 사이에 끼어 있는 한국이 어느 쪽의 불만도 사지 않기 위해 애쓰는 것은 당연하지만, 미중 간 힘의 경쟁에서 지속적인 선택을 강요받게 될 것은 분명하다.

미중 무역전쟁이 미중 간 미래 패권 경쟁이라 볼 때 두 나라 사이에서 새로운 균형점을 모색하는 과정은 단기적인 과제가 아닐 것이다. 그런 차원에서 '미중 사이 한국의 선택' 문제는 향후 한국 사회에서 가장 분열적인 중장기적 담론으로 대두될 수 있다. 한국 정부는 이에 선제적으로 대응할 필요가 있고, 정부와 학계 차원에서 미중 관계 연구에 더욱 관심과 지원이 필요한 시점이다.

이 글은 지난 2년여간에 걸쳐 쓰여진 것이다. 지금 와서 보면 그때의 분석과 예측이 이미 '과거'가 된 부분도 있다. 그래서 시제를 과거형으로 조정할까 하다 그대로 두었다. 당시 상황에서 필자가 어떠한 판단을 했는지, 얼마나 정확하게 정세를 보고 있었는지 독자 여러분께서 판단하실 여지를 남겨둔다. 끝으로 자료 수집과 정리에 큰 도움을 준 서울대 국제대학원 민현종 조교에게 감사를 전하고 싶다.

- 2019년 3월
이성현

목차

I

트럼프 미국의 출범

트럼프 취임사에 비친
미국 新행정부의 외교

2017년 도널드 트럼프 미대통령의 취임 연설의 특징은 새로운 정책이 제시되었다기보다 우려했던 '미국 우선주의', '보호무역주의' 기조가 고스란히 담겨 있다는 것이었다. 동시에 그는 연설에서 말하지 않았지만 정책 참모진들 사이에 상당한 경쟁과 갈등이 존재한다는 것과 이러한 정책 노선의 많은 디테일이 여전히 결정되지 않았다는 사실을 보여주었다.

트럼프의 취임 연설은 전 세계를 리드하는 미국 지도자의 연설이라기보다 개발도상국 지도자의 혁명 매니페스토manifesto, 구체적인 예산과 추진 일정을 갖춘 선거 공약에 더 가까웠다. 특히 양극화가 심한 현 미국 상황을 '워싱턴 소수'에 의해 서민들이 유린당하는 '살육carnage'으로 묘사한 것은 미국 언론에 의해 '역사상 가장 과격한' 대통령 취임사였다는 평을 받았다. 그의 취임 연설은 짧았고, 안보와 무역에 있어서는 그가 후보 시절 해왔던 말을 되새김하는 정도에서 끝났으며, 구체성은 부족했다.

트럼프 행정부의 공식 출범과 더불어 '트럼피즘Trumpism, 도널드 트럼프의 극단적 주장에 대중이 열광하는 현상'에 대한 우려가 줄어들기보다 오히려 본격적인 미국 발 '불확실성의 시대'가 도래하였다고 보는 것에 방점을 찍는 것이 옳을 것이다.

트럼프의 취임 연설과 백악관 홈페이지에 실린 국정 기조를 보면 한국이 당장 우려해야 할 부분은 안보^{동맹} 문제보다 통상^{보호무역주의}일 것으로 예상된다. 트럼프 진영에는 동맹의 가치를 강조하는 인사들이 충분히 포진해 있다. 그렇지만 동맹 역시 트럼프 식 논리에서는 경제적 가치의 프리즘에 의해 굴절되어 보일 것이다. 이는 미국과 안보 문제를 조율하는 한국 인사들이 동맹의 가치관만 강조할 것이 아니라 한미동맹이 어떻게 미국 국익에 도움이 되는지를 정확하게 설명해줄 필요가 있음을 시사한다.

가장 관심을 끌었던, '트럼프 행정부가 앞으로 어떻게 움직일 것인가'는 백악관 홈페이지에 공개된 외교와 내치에 걸친 6대 국정 기조에 그 골격이 드러나 있는데 대부분은 그가 대선 후보 시절에 언급했던 예측 가능한 내용들이다. 이들의 함의는 다음과 같다.

첫째, 트럼프의 보호무역주의는 중국을 비롯해 미국 시장 의존도가 높은 한국 · 일본 등에 가장 큰 타격을 입힐 것이다. 벌써 트럼프 임기 동안 한국 내 일자리가 13만 개 줄어들고, 한미 FTA 폐기 시에는 5년간 32조 원의 손실이 발생할 것이란 예상치가 나오고 있다.

둘째, 트럼프는 취임사에서 "수십 년간 우리는 다른 국가의 군대에 보조금을 지급했지만 애석하게도 우리 군대를 고갈시켰다"라면서 특정 국가를 언급하지는 않았지만 미국의 동맹들을 우회적으로 비판했다. 여기에 더해서 그는 "오래된 동맹을 강화하고 새로운 동맹을 추진할 것"이라고 말했다. '새로운 동맹 친구'는 물론 러시아를 말한다. 러시아는 트럼프의 유세기간 동안 언급된 국가들 중 그가 유일하게 비난하지 않은 나라이다.

트럼프는 러시아와의 협조를 통해 중국을 견제하겠다는 의도를 드러냈다. 중국의 전횡을 더 이상 좌시하지 않겠다는 트럼프 행정부 인사들의 중국에 대한 반감은 한국 언론이 추측하는 것보다 더욱 근본적이고 강한 것일 수 있다. 더불어 러시아가 트럼프의 구애에 한편으로 미심쩍어 하는 이유가 미국의 구애는 결국 중국을 견제하기 위해 러시아를 이용하는 것이라는 생각 때문이다. 미국은 이미 1970년대에 '삼각 외교triangular diplomacy'라 불리는 이 전략을 사용해 당시 중국을 이용하여 소련을 견제했던 것이다. 그런데 지금은 상황이 반대로 흘러버렸다.

셋째, 북한과 관련해 백악관은 '이란, 북한과 같은 국가들의 미사일 공격에 대비하기 위해 최첨단 미사일 방어 시스템을 개발할 것'이라고 강조했다. 이러한 북한에 대한 언급이 '외교' 항목이 아니라 '국방' 항목에 거론된 것은 유의미하다. 북한이 외교의 대상이라기보다 국방의 대상이라는 것이다. 특히 북한의 ICBM^{Intercontinental Ballistic Missile, 대륙 간 탄도 미사일} 협박에 트럼프 행정부의 강경 대응이 예상되는 바, 미국의 대응책 선택 과정에서 한미 간의 긴밀한 소통은 더욱 중요해질 것이다. 이에 따라 북핵 문제에 대한 트럼프 행정부의 정책 리뷰 기간 동안 한반도 당사자인 한국은 선제적으로 미국과 접촉점을 넓히면서 동시에 한국이 희망하는 정책 방향과 미국의 정책 방향이 최대한 많은 교집합을 가질 수 있도록 노력해야 할 것이다.

한국은 '트럼프의 사람들'과 접촉면을 넓혀가는 것과 동시에 그들의 책임 범위와 성향을 공부해둘 필요가 있다. 예를 들어 백악관 국가무역위원회 National Trade Council 수장을 맡은 피터 나바로^{Peter Navarro}는 무역 분야 이외에 백악관 국가안전보장회의 결정에도 깊숙이 관여할 것으로 알려져 있다. 트럼프 정부에서 한반도 실무 라인 최고책임자이자 NSC 아시아 담당 선임보좌관인 해병대 출신의 매트 포틴저도 주목해야 할 인물이다.

그는 〈월스트리트저널^{Wall Street Journal}〉 특파원으로 중국에서 근무할 당시 베이징에 위치한 어느 스타벅스에서 중국 공안한테 따귀를 맞은 경험이 있다. 이렇게 '몸으로 체험한' 중국 현지 경험을 통해 중국공산당 체제에 반감 성향을 가진 인물로 알려져 있다.

포틴저의 직속상관은 바로 한국에서 주목받고 있는 마이클 플린Michael Flynn이다2017년 2월 해임됨. 한국 측은 플린의 아버지 역시 군인이며 한국전 참전 용사임을 발견하고 이를 그와의 개인적 네트워크 및 한미 공감대 형성의 연결점으로 활용하고자 했다.

장관급으로 미국의 무역 정책을 담당하는 대통령 직속 기구인 무역대표부USTR 대표인 로버트 라이시저Robert Lighthizer. 그는 로널드 레이건Ronald Reagan 행정부 당시 무역대표부에서 미국 반도체 산업을 보호하기 위해 일본과 협상을 벌였던 장본인이다. 그는 미국을 위해서 일했지만 당시 일본의 보호무역주의를 내심 부러워했으며 미국도 일본처럼 보호무역주의를 해야 한다고 건의했던 사람이다. 이는 그러한 경험이 그의 보호무역주의 성향 형성에 어떤 영향을 미쳤는지를 시사하는 점이다.

트럼프의 성향 역시 다시 한 번 주목할 필요가 있다. 대통령 당선인 신분으로 확정된 지 오랜 시간이 지났지만 '이제 대통령다운 모습을 보여줄 것'이라는 기대와 달리 여전히 그는 후보 시절과 마찬가지로 거침없고 변칙적인 행보를 보이고 있다. 현재까지 대통령 트럼프가 보여준 모습은 후보 트럼프와 다름이 없고, 그것은 비즈니스맨 트럼프와 다르지 않다. 이것이야말로 원래 트럼프의 온전한 모습일 것이다.

트럼프는 트위터twitter를 계속 사용하고 있으며, 참모진의 거듭된 조언에도 불구하고 준비된 연설문에 없는 내용으로 얘기가 샌다. 트럼프 행정부 출범에 맞춰 미국 언론이 심리학자를 동원해 그의 심리를 분석하려고 한 것은 미국 역시 '트럼프 미국'에 대해서 불확실성을 느끼고 있다는 방증일 것이다. 변칙적인 트럼프에게 있어 원칙은 바로 '변칙' 그 자체이다.

트럼프는 취임식 후 프랭크 시나트라Frank Sinatra의 노래 '마이 웨이My Way'에 맞춰 춤을 추었다취임식 당일 축하 무도회는 1809년부터 내려오는 전통이다. 그는 공화당 대통령이지만 취임사에서 공화당 • 민주당 할 것 없이 현재의 미국을 망가뜨린 것은 바로 '워싱턴 정치 기득권Washington establishment'이라며 질타를 여과없이 드러내려 했다. 이는 아웃사이더인 본인이 워싱턴에 입성해 직접 그것을 손보겠다는 의미이다.

한국은 트럼프가 대통령이 돼 한국에 불리할 것이라는 생각보다 트럼프 같은 인물이 한국에 어떻게 도움이 될 수 있을까, 한미가 어떻게 '윈-윈'할 수 있을까에 대해 정책적 관심을 투입해야만 할 것이다.

트럼프 행정부 출범 시기의
미중 관계

분명 트럼프 행정부 정책에는 불확실성이 존재하지만 중요한 원칙은 ▲ 거래 지향적transactional 국가 관계 ▲대중 강경 노선China bashing이라는 사실이다. 이는 트럼프가 천명한 '미국 우선주의America First'와 '힘에 의한 평화Peace through Strength'가 투영되는 대상이기도 하다. 관건은 트럼프 행정부의 이러한 정책 노선과 철학이 현실 정치와 어느 정도 타협compromise할 것인가이다.

중국에 대한 미국의 불만은 트럼프 개인과 그를 둘러싸고 있는 참모들의 널리 알려진 '반중' 성향과도 관련이 있지만, 미국 민주당과 공화당을 통틀어 그리고 지금까지 미국 내에서 친중적인 로비를 펴왔던 비즈니스계 등 미국 사회가 중국에 대해 느끼는 지난 20여 년간의 누적된 피로감의 산물이기도 하다. 특히 미국 재계의 경우 중국 측의 지적재산권 침탈, 사이버 해킹, 미국 기업에 대한 차별적 대우 및 중국 시장 접근 제한 등 누적된 불만이 임계점을 초과했다는 사실을 체득해 왔다. 여기서 발생하는 미중 갈등은 중국의 부상과 중국 기업들의 경쟁력 향상에 따른 구조적인 측면이 주요 추동 원인인 바, 미중이 과연 얼마만큼 서로의 핵심 이익을 해치지 않고 동시에 갈등 영역을 봉합할 수 있는지에 대한 의문이 제기된다.

트럼프는 좌충우돌, 또는 예측 불가능하게 움직이는 것이 아니며, 그 좌충우돌 속에서도 '원칙'이 있으며, 자세히 들여다보면 그의 정책 윤곽이 매우 뚜렷하다는 대안적 시각도 존재한다. 예를 들어 '친러' 경향이나 '반중' 경향이 뚜렷하다는 것이다. 또한 국가 간 관계를 '가치', '우호', '동맹' 등 전통적인 기준에 의하지 않고 '거래transaction'의 시각으로 보는 경향도 뚜렷하다. 이런 점에서 보면 항간의 평가와 달리 트럼프 행정부는 자신들의 의도에 대해 매우 솔직하고 투명하다고 할 수 있다.

트럼프의 아시아 정책에 있어 핵심은 중국관의 관계 '리셋reset'이기 때문에 개성이 제아무리 강하고 변칙을 법칙으로 삼고 있는 트럼프도 결국은 오바마 행정부 당시 아시아 정책의 '연장선'에서 국정을 운영할 것인지 아니면 선거 유세기간에 그가 수차례 예고한대로 '대중 강경책'으로 갈 것인지에 대한 선택을 해야 했다. 이를 평가하기 위해 주목해야 할 부분은 트럼프 진영 내부의 치열한 주도권 경쟁이라 할 수 있다.

트럼프 진영 출범 시 내부의 주도권 경쟁은 매우 치열했으며 이는 트럼프의 대외 정책의 행보에도 영향을 미쳤다. 트럼프 진영 내부의 파벌은 크게 세 분류이다. ▲선거 캠프 출신 문지방 권력인 켈리앤 콘웨이Kellyanne Conway, 스티브 배넌Steve Bannon 등 ▲대통령 당선 후 영입한 프로페셔널들인 제임스 매티스James Mattis, 렉스 틸러슨Rex Tillerson 등 ▲가족인 딸 이방카 트럼프Ivanka Trump, 맏사위 재러드 쿠슈너Jared Kushner 등이다.

중국은 강한 '안티 중국' 성향을 가진 트럼프 참모들을 우회해 트럼프의 가족을 공략하여 트럼프-시진핑 전화 통화를 전격 성사시켰다. 러시아 내통 의혹으로 낙마한 트럼프 안보보좌관 플린의 경우도 사실은 내부 경쟁의 희생 양이라는 평가가 나왔기에 이러한 트럼프 진영의 '내부 진통'은 트럼프 행정 부의 특정 정책 주도와 연관해 꾸준한 관찰이 필요한 부분이다.

트럼프 행정부의 출범

트럼프의 미대통령 당선은 미국 정가에서 '예측하지 못한unexpected' 이 변이었다. 변칙적인 트럼프가 당선이 되면 '비즈니스맨 트럼프'와는 달리 '대통령 트럼프'의 모습을 보일 것이라는 항간의 기대와는 달리 그는 여전 히 이 모든 혼란의 중심에 서 있다. 심지어 그 혼란은 그가 선포한 초강경 반 이민 정책, 마이클 플린 백악관 국가안보보좌관의 전격사임, 켈리앤 콘웨 이 백악관 선임고문의 '이방카 브랜드 홍보 논란' 등으로 더욱 가중되는 양상을 보였다.

　동시에 '오바마케어Obama Care, 오바마 대통령이 주도한 미국 의료보험 시스템 개혁 법안으로 전 국민의 건강보험 가입을 의무화하는 내용을 골자로 함. 2014년 1월부터 시행' 등 전임자인 오바마 대통령 정책의 상당 부분을 거의 다 뒤엎는 전례 없는 변화에 대해 미국 사회의 불안감이 표출되었다. 노령화가 진행되고 있는 세계적 추세에서 트럼프가 이민 반대 정책을 취하는 것은 미국에 젊은 노동력을 제공해주는 근원을 막는 것이기 때문에 이는 궁극적으로 미국의 국익에 반하는 행동이라는 지적도 나왔다.

트럼프 진영 내부의 주도권 경쟁

　트럼프 진영은 서로 이전에 알지 못했던 다양한 배경을 가진 사람들이 모인 '군체'로 그들 간 주도권을 둘러싼 경쟁이 매우 심하다. 트럼프 본인은 이러한 내부 경쟁을 막기보다 오히려 부추기는 것이 그의 리더십 스타일이다. 트럼프 행정부에 요직으로 임명되었으나 머지않은 장래에 주도권 경쟁에서 밀리거나 본인이 트럼프의 정치적 노선에 환멸을 느껴 자진 사퇴하는 이가 나올 것이라는 예상이 정권 초반부터 나왔는데 실제로 그렇게 진행되는 양상을 보이고 있다. 그 대표적인 사례가 시리아에서 미군 철수 결정을 단행한 트럼프에 대한 항의 표시로 사임한 제임스 매티스 미 국방장관이다.

절대 득표수에서 지고도 당선된 대통령

트럼프는 미 대선에서 선거인단에서는 승리하였지만 절대적인 투표인 수에서는 경쟁자인 힐러리 클린턴^{Hillary Clinton}보다 250만 표나 부족한, 소위 '투표에 지고도 당선된' 대통령이었다. 민주주의 선거의 기본은 '모든 한 표가 반영되는 것^{Every vote counts}'인데도 아웃사이더 트럼프가 당선됨에 따라 미국 선거 제도에 대한 의문이 제기되기도 하였다. 이는 트럼프를 대통령으로 인정하고 싶지 않은 분위기와 맞물려 있었다.

하지만 트럼프의 지지도를 과소평가하면 안 된다. 논란이 된 그의 '반 이민 행정명령'은 지지도가 55%에 달했다. 이처럼 트럼프는 보는 이에 따라 '불쾌감과 신뢰감을 동시에 주는^{both repelling and authentic}' 인물이다.

분열을 이용하는 트럼프

일각에서는 이러한 사회적 '분열'과 '혼동'을 트럼프가 이용하고 있으며 실제로 그에게 도움이 된다는 시각이 있다. 트럼프가 사용하는 이러한 방법이 과거 대통령들과는 확실히 차별화 된 전략으로서 충분히 먹히고 있다는 분석도 있다. 특히 확연한 '변화'를 보여주는 모습에서 그의 지지자들은 더욱 환호하는 중이다. '이것이 바로 변화다'라는 모습을 보여주어 군중 심리를 자극하고 선동한다는 시각이 존재한다. 동시에 그의 콘크리트 지지층들은 더욱 결집하여 트럼프를 비판하는 사람들로부터 트럼프를 보호하는 방어막 역할을 한다.

확실한 변화 코드로 사람들이 오히려 트럼프에 적응하게 만들어

트럼프는 변화의 코드를 임기 초기에 확실히 보여주어 사람들이 전임 대통령들에게 했던 기존의 기대를 아예 갖지 못하게 하였다. 동시에 이러한 변화의 상징성은 미국 국내에만 적용되는 것이 아니라 미국을 상대하는 동맹국 등 다른 국가들에게도 적용되었다. 다른 국가들에게 이른바 '기존의 방식으로 미국을 상대해서는 안 된다'라는 시그널을 확실히 보낸 셈이다.

탄핵 가능성은 현실적으로 낮지만 러시아 스캔들이 변수

취임 초부터 돌출 행보를 계속 보이는 트럼프에 대해 미국 일각에서 탄핵설이 꾸준히 나오고 있으나 현실적으로 성사될 가능성이 낮은 것으로 전문가들은 보고 있다. 미국 역사상 지금까지 앤드류 존슨Andrew Johnson, 17대, 리처드 닉슨Richard Nixon, 37대, 빌 클린턴Bill Clinton, 42·43대 등 세 명이 탄핵 대상에 올랐지만 실제 탄핵된 대통령은 한 명도 없었다.

결국 탄핵 가능성이 낮은 가장 중요한 이유로는 트럼프가 현재 공화당 소속 대통령이며 공화당이 소속 당 출신 대통령을 탄핵하는 사안에 참여하는 것 자체가 스스로의 기반을 약화시키는 자승자박의 선택이기 때문이다. 물론 가능성은 희박하나 트럼프가 공화당 의원들 지역구에 직접적인 손해가 되는 정책을 펼 경우 공화당 의원들이 등을 돌릴 수는 있다. 그럴 경우 중간선거 후 민주당이 다수당이 된 의회에서 트럼프의 러시아 스캔들에 대한 '증거'가 결정적으로 나오면 본격적으로 탄핵 가능성은 높아지게 된다. 미국 의회에서 탄핵은 하원에서 과반수로 발의되며 그 후 상원 재적 의원의 3분의 2가 찬성해야 한다.

다른 탄핵 방법은 미국 수정헌법 제25조 4항 '대통령 임무수행의 정신적 불능inability 상태'로, 이는 트럼프 대통령이 정신적으로 문제가 있어 정상적 국정 수행을 할 수 없다는 의미인데 이 역시 가능성이 매우 희박하다. 역사적으로 수정헌법 제25조 4항은 한 번도 사용된 적이 없다.

그럼에도 불구하고 트럼프의 변칙적이고 파격적인 행보는 그의 탄핵 가능성에 대한 여러 언론의 추측을 끊임없이 자아내고 있다. 2019년 3월 현재, 미국에서는 트럼프의 탄핵 가능성이 더욱 높아지고 있다.

트럼프와 소셜 미디어

트럼프는 정치 엘리트를 비판하고, 외국 이민자를 미국에 대한 위협으로 몰아세우며, 또한 본인에게 부정적인 언론 매체를 직접 상대하기보다 우회적 방법인 트위터를 통해 유권자와 직접 소통하는 것을 선호한다.

트럼프 행정부 초대 백악관 선임고문으로 임명된, 일명 '트럼프의 입'으로 불리는 켈리앤 콘웨이는 트럼프의 트위터 사용 남발이 문제를 야기하고 많은 오해를 일으키자 "'트럼프의 입에서 나오는 말보다 트럼프의 마음속에 무엇이 들어 있는가'로 그를 판단해야 한다judge Donald Trump based on what's in his heart rather than what's come out of his mouth"라고 주장했다. 이는 트럼프가 트위터를 통해 쏟아내는 '막말'로 야기되는 부정적인 효과를 상쇄하기 위한 노력이었으나 오히려 미국 주류 매체의 비난과 조소를 초래했다.

트럼프는 대선 기간 동안 트위터에 무려 7,000번의 메시지를 포스팅했는데 이는 그의 참모들에게 골칫거리였고, 심지어 그의 딸인 이방카도 반대하였다. 많은 이들이 트럼프가 대통령에 당선된 후에는 트위터 사용을 억제하거나 줄일 것이라고 예상하기도 했지만 이러한 예상은 빗나갔다. 트럼프는 참모들의 반대에도 불구하고 계속적으로 트위터를 사용했고, 또 그렇게 해서 당선되었기 때문에 앞으로도 꾸준히 트위터를 애용할 것으로 예상된다.

※ 한국 입장에서는 트럼프의 트위터가 꼭 부정적이지는 않다. 오히려 트럼프가 트위터를 통해 한국에 대해 우호적인 메시지를 한 꼭지라도 내보내는 것이 그 어떤 것보다 훌륭한 정책 효과를 낳을 수 있다.

트럼프는 좌충우돌? 아니면 의도적?

트럼프의 좌충우돌적인 행동이 사실은 고도로 계산된 것이며 그에게 미국을 제대로 이끌 '플랜plan'이 존재한다는 시각과 그렇지 않다는 시각은 혼재한다. 전자는 공화당 인사 중 트럼프에 대해 동정적인 시각을 갖고 있는 사람들이, 후자는 트럼프에 대해서 비판적인 이들이 가지고 있다.

※ 트럼프는 나름대로 국정을 어떻게 운영할지 '플랜'을 갖고 있는지도 모른다. 그런데 내 눈에는 그것이 보이지 않는다. - 미국 정치평론가
※ 트럼프 행정부는 자신들의 의도에 대해서 매우 투명하다. - 또 다른 미국 정치평론가

트럼프의 TPP 탈퇴 선언

트럼프의 TPP환태평양경제동반자협정, Trans-Pacific Partnership 탈퇴 선언은 한국, 일본 등 아시아 동맹 국가의 염려를 불러일으켰다. TPP는 중국이 빠진 아태 지역 12개 국가의 경제 연합체로, 실질적으로는 미국의 리더십이 중심이 된 정치적 중요성이 더 컸다. 그런데 미국의 탈퇴는 트럼프 행정부의 고립주의의 반영으로 비쳐지고 있으며 중국의 부상을 우려하는 지역 국가들의 불안

감을 자아냈다. 또한 이로 인한 미국의 지역 영향력 쇠퇴는 중국 중심의 경제 연합체인 RCEP^{역내포괄적경제동반자협정, Regional Comprehensive Economic Partnership}'의 영향력 상승으로 이어지면서 미국의 국익에 반하는 결과를 초래했다.

미국이 TPP 탈퇴를 선언함으로써 다자 FTA^{자유무역협정, Free Trade Agreement}이 주춤한 가운데 중국, 인도, 한국이 참여하는 APTA^{아시아태평양무역협정, Asia-Pacific Trade Agreement}이 더욱 추동력을 얻을 것으로 예상된다. 또한 중국의 신경제 구상인 '일대일로^{一帶一路: 육상·해상 실크로드}'가 지역 국가들의 더욱 적극적인 참여를 견인할 것으로 보인다.

※ 워싱턴의 한 관계자는 트럼프의 성향을 '경제적 민족주의자^{economic nationalist}'로 정의했다. 그러나 그것이 추구하는 목적인 미국의 번영을 가져오기는커녕 오히려 역효과를 초래할 것이라고 내다봤다.

다자 무역 체재를 믿지 않는 트럼프

트럼프는 다자무역체제를 믿지 않기에 TPP에서 탈퇴하였고, 이는 대선 공약에도 들어가 있기 때문에 '트럼프에게서 기대되었던 일이 벌어진 것'이었다. 트럼프가 마음을 바꿔 TPP에 재가입할 가능성은 희박하다. 그는 당선 직후 TPP에 남아달라는 아베 신조^{Shinzo Abe} 수상을 웃음으로 맞이하였지만 아베가 백악관을 떠나자 바로 TPP 탈퇴를 재천명하였다. 미국의 TPP 탈퇴는 '어메리카 퍼스트'의 중상주의가 도래한 것으로 볼 수 있으며 핵심 단어는 '거래deal'이고 핵심 질문은 '거래가 가능한가?'이다.

미중 관계 '리셋'

미국 사회에는 소련의 붕괴 이후 포스트 냉전시대를 겪은 지난 20여 년간 중국의 전횡에 대해 미국이 너무 관대했다는 인식이 대두되었다. 트럼프는 미국이 월등한 힘을 과시하면 기세등등한 중국도 결국 꼬리를 내릴 것이라 믿었기에, 소위 '힘에 의한 평화'라는 슬로건을 내걸었다. 특히 중국이 북핵 문제에 있어서 충분한 역할을 하지 않았고 대만 문제에 있어서 미국의 묵인 하에 주도권을 쥐면서도 미중 무역 불균형 시정 문제 등에 있어서는 개선적인 조치를 취하지 않았다는 미국의 다년간 누적된 복합적 불만이 표면화되기 시작한 것이다.

미 대통령 취임 후 2주 동안 트럼프는 당시 한국의 황교안 대통령 권한 대행, 일본의 아베 신조 등 주요국 지도자 18명과 전화 통화를 했으나 막상 세계 2위 경제대국인 중국 시진핑과는 하지 않았는데 트럼프가 고의로 시진핑을 무시하는 전략을 쓰고 있다는 평가가 나왔다.

하지만 2017년 2월 10일 취임한 지 20일 후 미중 양 정상 간의 전화 통화가 전격 성사되었고, 트럼프가 '하나의 중국' 원칙을 존중할 것을 천명함으로써 양국 사이에 누적되었던 불확실성의 뇌관은 일차적으로 제거되었다.

중국 측은 강한 반중 노선을 갖고 있는 트럼프의 참모들을 우회하고 트럼프의 가족^{딸 이방카, 사위 쿠슈너}을 공략하여 백악관과 중난하이^{中南海, 중국 최고 권부}를 연결하는 채널을 구축하였다고 한다. 이방카는 미국 주재 중국 대사관의 '춘제^{春節, 구정}' 행사에 참석했고 나중에 그의 딸^{트럼프의 손녀} 아라벨라 쿠슈너^{Arabella Kushner}가 중국어 노래를 부르는 모습을 소셜 미디어에 올렸다.

중국에 대한 미국의 누적된 불만

중국에 대한 불만은 트럼프 개인의 성향도 있지만 미국 민주당과 공화당 모두 그리고 친화적인 대중 정책을 펴도록 로비를 펴왔던 미국의 비즈니스계 등 미국 전체가 오랫동안 중국에 대해 누적된 피로감과 피해 의식이 표출된 결과라 볼 수 있다. 특히 후자의 경우 중국 측의 지적재산권 침탈, 사이버 해킹, 외국 기업에 대한 차별적 대우 등에 갈수록 폭증되는 불만이라 하겠다.

미국은 초강국으로서 중국에 대한 지렛대를 가지고 있음에도 중국과 충돌을 피하려고 그러한 지렛대를 사용하지 않았다. 지금까지 중국에 대해 '부드러운 방망이^{soft stick}'를 써봤는데 중국이 말을 듣지 않는 상황이어서 이제는 '따끔한 방망이^{hard stick}'를 사용할 때라는 인식이 대두되던 시점에 트럼프가 당선된 것이다. 이에 트럼프 정부는 오바마 때와는 달리 중국과의 충돌을 마다하지 않는 접근법을 구사할 것으로 예상되었다.

※ 트럼프 행정부는 중국을 적대시하는 것에 대해 두려움을 덜 느낀다.
— 워싱턴 정치분석가

이는 트럼프 행정부의 대 중국 요구사항을 중국이 100% 수용하지 않을지라도 이런 강한 드라이브에 따라 중국이 더욱 전향적인 모습을 보이고 양국 간 문제가 있는 영역에 있어 중국이 이전보다 더욱 협조적인 자세로 나올 것이라는 판단이 나오는 이유 때문이다.

중국의 행동을 바꿀 '지렛대'로 미국은 중국의 이익과 관련된 부분에 대해 제동을 걸기 시작했다. 예를 들어, 중국의 경제에 압력을 부여하고 남중국해에 미국이 더욱 활발한 군사 자산을 투입함으로써 중국이 이에 대응하는데 더욱 많은 스트레스를 느끼게 만든다는 것이다.

※ 카지노 도박장을 운영했던 트럼프는 미중 관계를 '도박'의 프레임으로 바라보고 있으며, 더욱 많은 리스크를 걸 때 더욱 많은 것을 얻을 수 있다고 본다.

하지만 시진핑 2기 출범을 알리는 2017년 10월의 중요한 정치 행사인 제19차 당 대회를 앞두고 당시 시진핑 역시 미국과 맞서는 '강한 지도자' 이미지를 국내외에 보여주는 것이 중요했기 때문에 트럼프와 시진핑의 조합은 '강 대 강'의 국면이 될 수 있다는 예측이 나왔고 그 예측은 대체로 맞아떨어졌다.

아시아 '리밸런싱'에서 중국에 대한 '카운터 밸런싱'으로

미중 관계 격화와 대결 구도의 심화에 따라 미국의 아시아 '리밸런싱re-balancing' 정책은 중국에 대한 '카운터 밸런싱counter-balancing'으로 구체화되고 있다. 트럼프는 환율/통상, 남중국해, 북한이라는 이 세 가지를 중국에게 원하고 있다. 목적을 달성하기 위해 그는 중국이 매우 민감하게 여기는 '하나의 중국One China' 원칙도 협상의 여지가 있다고 선언했다.

※ 대만 문제는 중국이 가장 민감하게 여기는 문제이다.

트럼프는 아시아에서 동맹 관계는 강화하면서도 동시에 통상 관계 등에서는 매섭게 나올 수 있다. 얼핏 보면 이는 이율배반적인 행동처럼 보이지만 트럼프와 미국의 중요한 동맹국인 호주의 맬컴 턴불Malcolm Turnbull 전 총리와의 '막말 통화'에서 보듯 트럼프는 사안별로 접근하며 '비외교적 행동undiplomatic behavior'도 서슴지 않는다. 전반적으로 볼 때 트럼프 행정부에서 기존 미국의 '자유무역free trade' 기조는 '관리무역managed trade' 기조로 변화하고 있다.

북핵 문제에 있어 '중국 책임론'과 '중국 역할론'의 심화

'북한 핵 문제는 중국이 풀어야 한다North Kora is China's problem to fix'라고 주장하는, 소위 중국 책임론이 오바마 행정부 때보다 트럼프 행정부에 들어와서 더욱 심화되고 있다.

※ 중국은 북한 문제에 관한 것이라면 완전히 해결할 능력이 있다China is totally powerful as it relates to North Korea. - 도널드 트럼프, 2016.09.27

※ 우리는 중국에 압력을 넣어 그 [북한] 문제를 풀게 해야 한다We should put pressure on China to solve the problem. - 도널드 트럼프, 2016.01.06

트럼프의 시각은 중국의 대북 영향력 실체와 상관없이 그가 미국 최고통수권자이기 때문에 정책적 무게감을 가진다는 것이다. 그리고 트럼프 행정부 인사들도 트럼프의 중국 책임론 시각을 반영하고 있다. 예를 들어 유엔 주재 미국 대사 니키 헤일리Nikki Haley의 발언2017.01.19을 보자면 역시 '중국 역할'과 '중국 책임'을 거론하고 있다.

헤일리는 "만약 내가 중국의 협조를 얻어 제재를 정말 강화하면 우리는 마술 같은 일을 만들 수 있다"라고 발언했다.

트럼프 시대,
미중 관계의 새로운 구조

초기 트럼프 행정부 시대의 미중 관계는 다음과 같은 세 가지 특징을 지니고 있다. 첫째, 미국이 중국의 '현상 변경' 시도를 받아들일 수 없는 것으로 설정하고 본격적인 미중 관계 재설정에 들어갔다는 것이다. 둘째, 이에 따라 트럼프 정부의 대외 정책의 핵심은 새로운 강대국으로 부상하는 중국에 대한 견제라고 볼 수 있다. 셋째, 불확실한 것은 이러한 미중 대립이 단기적인 것인지 아니면 중장기적인 것인지 하는 것이다.

이 질문에 답을 제시하려면 트럼프가 왜 '중국 누르기' 전략을 취했는가에 대한 동기 탐구와 국정 경험이 없는 그의 외교 구상에 영향을 미친 소위

'트럼프의 사람들'에 대한 배경 이해가 선행되어야 할 것이다. 현재까지의 분석은 트럼프의 '중국 흔들기'가 단순히 통상 분야의 불균형을 교정하기 위한 전략 차원을 넘어서 보다 큰 차원의 중국 견제 움직임이며 이는 중국의 부상과 전횡을 더 이상 좌시하지 않겠다는 미국 대외 정책의 근본적인 변화로 판단된다. 한국은 이러한 동아시아 지정학, 역학 관계 변화가 주는 함의를 인식하고 미중 관계 악화가 가져올 여파에 대한 다양한 사안별 시나리오를 분석하는 등 만반의 준비를 갖춰야 할 것으로 사료된다.

트럼프의 외교가 '미국 우선주의'라는 절대적 상수上數를 중심으로, 그 밖의 모든 사안은 동맹이든 적敵이든 상관없이 미국 이익에 의거해 일호의 가차도 없이 '케이스 바이 케이스' Case by Case 룰이 적용될 것이라는 애초의 예상과 달리, '중국 누르기'라는 일관된 전략에 의해 빙하처럼 조금씩 흘러내리며 그 속을 드러내고 있다는 시각에 갈수록 의견이 모아지고 있다.

분명하게 이는 미국과 러시아의 관계 개선이나 미·일 관계의 재정립 등은 이런 '미·중 대립의 격화'를 준비하기 위한 전략적 포진이라는 것이다. 다시 말해, 트럼프 정부 외교 정책의 핵심은 '중국 때리기'이며 이를 위해 러시아와 좋은 관계를 맺으려 하고 있고, 아시아 정책 역시 중국 견제를 위한 군사력을 강화하는 쪽으로 갈 것이며, 이 과정에서 미·일 동맹은 더 긴밀해질 것이라는 예측이다.

중국은 애초에 정치 경험이 전무한 비즈니스맨 출신인 트럼프의 미 대통령 당선이 중국의 부상을 가속화하는 계기가 될 것이라고 전망했다. 또한 그가 실용주의로 중국과 타협을 통해 협력 공간을 더 넓혀가는 '쉬운 상대'가 될 것이라고 예상하기도 했다. 하지만 남중국해 갈등을 둘러싸고 트럼프의 잇따른 대중 강경 발언과 차이잉원蔡英文 대만 총통과의 통화가 성사되자 조금 당황했다. 물론 트럼프가 중국 흔들기를 하는 것이 결국 그가 공약한 미국 일자리 창출과 사회 인프라 건설에 필요한 투자에 차이나 머니China Money를 이끌어 내기 위한 고도의 협상 전략이란 대안적 해석은 여전히 우세했다.

그러다가 트럼프가 '하나의 중국도 협상 대상이다'라고 선언하며 중국이 가장 민감하게 생각하는 핵심 이익의 마지노선까지 걷어차 버리자 중국은 경악을 금치 못했다. 미중 수교 이후 그 어느 미국 대통령도 건드리지 않은 금기를 트럼프가 건드려버린 것이다.

피터 나바로는 트럼프의 최순실인가?

이러한 해석에 무게를 더해, 트럼프 주위의 '마초'적인 각료들과 백악관 보좌진이 대부분 대중 강경주의자들이라는 점이 지적되고 있다. 여기서 주목할 만한 점은 그중 피터 나바로의 영향력이 매우 크다는 것이다. 전문가들 사이에 트럼프가 얼마나 나바로가 제시하는 세계관에 의존하고 있는지에 대한 토론이 있어 왔다. 이는 그가 〈포린 폴리시Foreign Policy〉에 트럼프의 외교 노선을 설명하는 글을 기고한 후 전문가들 사이에 그 글이 트럼프의 의중을 충실히 반영하고 있는 것으로 확인된 후 더욱 굳혀졌다.

관건은 나바로가 트럼프의 그 많은 전략가 중 한 명 정도가 아니라 그중에서도 트럼프의 대외 전략을 이끌고 있는 '실세'이냐는 점이다. 우리는 예측 불가능한 트럼프를 이해하기 위해 나바로를 좀 더 연구할 필요가 있다.

우선 나바로는 '선과 악'의 프레임에서 중국을 바라보고 있다는 사실에 주목해야 한다. 물론 여기서 '악'은 중국이다. 특히 나바로의 책 제목국내에는 《중국이 세상을 지배하는 그날》이라는 제목으로 출간이기도 한 동명의 다큐멘터리 〈데스 바이 차이나Death by China〉를 보면 이 같은 추론이 더욱 힘을 얻는다.

트럼프는 나바로가 제작한 다큐멘터리를 보고 호평을 전했다. "이 중요한 다큐멘터리는 우리가 중국에 대해 겪고 있는 문제를 팩트와 숫자 그리고 선견지명으로 보여주고 있다." 그리고 트럼프는 주변 사람들에게 나바로의 다큐멘터리를 볼 것을 추천하였다.

주목할 점은 나바로의 다큐멘터리에는 트럼프 배후의 다른 중요한 전략가로 알려진 마이클 필스버리Michael Pillsbury와 트럼프의 대선 기간 동안 정책 자문 역할을 한 헤리티지 파운데이션The Heritage Foundation, AEI미국기업 연구소, American Enterprise Institute, 허드슨 연구소Hudson Institute 등 보수 싱크탱크 인사들이 대거 출연했다는 것이다. 이는 한국 언론에서 지적되지 않은 점이다

나바로의 중국을 향한 분노는 거의 원초적이라 할 수 있다. 중국을 이렇게나 싫어하는 사람이 있었나 싶을 정도로 중국에 대한 혐오를 숨기지 않는

도표 4. 중국 하이테크 기업 중 다국적 기업 및 합작 회사의 비중 변화(2011~2016년)

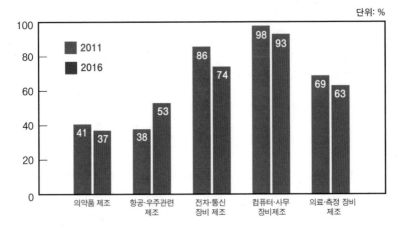

단위: %

항공 산업 등 극소수의 분야를 빼면 중국의 첨단 분야가 미국의 문턱 앞까지 따라잡고 있다는 것을 보여준다. 중국이 미국의 경쟁자가 되고 있다는 것이고, 중국에 대한 미국의 '위협 인식'이 당연히 높아질 것이다.

자료: Lovely and Huang(2018) 재인용
출처: 고동환, 〈미·중 무역 분쟁의 배경과 그 영향〉, 정보통신정책연구원, 2018.8.22., http://m.kisdi.re.kr/mobile/common/premium?file=1%7C14384

다. 중국산 저질 제품과 중국의 환율 조작에 대한 비판은 기본이다.

그가 제작한 1시간 20분짜리 다큐멘터리에는 '중국 때문에' 직장을 잃은 한 젊은이가 '미국 정부가 중국에 대해 무엇인가를 해야 한다'라고 울먹이는 장면이 클로즈업 된다. 더불어 미국의 정치가들과 유수 기업가들이 중국의 '포춘 쿠키Fortune Cookie'를 먹으면서 미국의 물건을 중국으로 수출하는 것이 아니라 미국의 일자리를 중국으로 수출하고 있다고 비난한다. 미국이 손해를 보고 있다는 것이다. 이는 미국 기득권층이 오히려 중국의 부상을 용인하고 있으며 미국 시민들을 위해 일하지 않고 있다는 것이다.

특히 트럼프와 이번에 대선 경합을 벌인 힐러리 클린턴의 남편 빌 클린턴 전 미국 대통령이 중국에 대해 최혜국대우Most Favored Nation Treatment 지위를 부여하는 등 나쁜 결정을 했다고 주장한다. 또한 중국 정부는 거짓말을 일삼고, 인터넷을 통제하며, 미국을 속인다고 말하면서 중국에서 수입한 사과에는 DDT유기염소 계열의 살충제이자 농약가 뿌려져 있어 먹으면 유해하다고 이야기한다. 중국에서 만든 의약품은 사람을 불구로 만들며, 중국에서 수입한 치약과 냉동 생선에는 화학 물질이 포함되어 있다는 것을 자료 화면과 전문가 인터뷰를 통해 반복해서 내보낸다. 공해 화학 물질 유출로 아예 한 마을 전체가 암에 걸린 대목도 나온다. 과장도 있지만 대부분은 실제 사건에 기초한 다큐멘터리였다.

미중 갈등은 통상 문제보다 더 근본적

주목할 점은 나바로의 다큐멘터리가 미중 통상 관계만 다루는 것이 아니라 중국의 인권, 환경, 언론 탄압, 인간 장기 적출, 공산당 독재 등 중국 정치 체제에 대해 폭넓게 다루고 있다는 사실이다. 그는 미중 관계가 단순히 통상 문제, 지적재산권 등의 문제가 아니라 미국의 국가안보와 미국의 가치에 반하는 것이라는 프레임을 내세운다. 나바로에게 있어 중국공산당은 '악'이고 미국은 '선'이다. 뿐만 아니라 "모두 다함께 궐기해 중국이라는 탐욕에 눈이

먼 용에 맞서 싸우라"고 한다.

중국은 미국에 심각한 군사 위협도 된다. 중국인민해방군은 북한, 파키스탄, 이란에 무기를 판매하고 해외에 파병된 미군을 죽인 폭탄 대부분은 아마도 '메이드 인 차이나Made in China'일 것이라고 주장한다.

나바로의 다큐멘터리에는 CNN 등에 자주 출연하는 유명한 대중 강경론자 고든 창Gordon Chang도 등장한다. 그는 《중국의 몰락The Coming Collapse of China》이라는 책을 쓴 저자로, 이 책의 요지는 앞서 언급한 모든 문제의 근원이 바로 '중국공산당'이라는 것이다. 문제가 없어지려면 바로 문제의 원인 제공자인 중국공산당이 없어져야 한다는 것이다. 공산당의 정치 시스템이 이런 결과를 초래했다고도 주장한다.

고든 창의 시각을 소개한 뒤 나바로는 미국의 민주주의가 중국에 의해 '납치'되었다고 주장한다. 1시간 20분 동안 쏟아지는 '안티 차이나' 레토릭rhetoric은 한 편의 종교 집회를 연상시킬 만하다. 나바로의 중국 혐오는 극단적이어서 그는 심지어 중국 측이 전액 부담으로 한 번 방문해달라는 초청을 매몰차게 거절한 것으로도 잘 알려져 있다.

나바로의 결론은 의미심장하다. 그것은 미중 갈등이 통상 문제가 해결된다고 해서 근본적으로 해결되지 않는다는 것이다. 공산주의 중국과 자유주의 미국은 근본적으로 공존할 수 없다는 것이기도 하다. 이 주장을 뒷받침하기 위해 나바로의 다큐멘터리 제2편에서는 중국의 국방 전력에 대해 심층적으로 비교하며 멀지 않은 미래에 중국 국방력이 미국을 초월하게 될 것이라고 진단한다. 흥미로운 것은 2019년 초, 미국 전문가들의 예측에 의하면 2035년을 분기점으로 중국이 국방 지출에 쓰는 비용이 미국을 앞지를 것이라는 분석도 나오고 있다.

중국의 핵잠수함과 미사일 그리고 사이버 공격 능력 등에 관해 군 전문가들의 자세한 분석을 소개하고 그것이 미국 안보에 어떤 위협이 되는지도 소개한다. 그리고 미국이 당면한 가장 중요한 문제는 '미국이 중국과 전쟁을 하게 될 것인가'라는 것이라고 주장한다. 다큐멘터리에 출연하는 존 미어샤이머John Mear sheimer 시카고대 교수는 "중국이 평화롭게 부상할 수 있을까?"라고 자문한 뒤 스스로 '노'라고 대답한다.

나바로의 총 5부작 다큐멘터리는 미국 언론의 혹평을 받았음에도 불구하고 놀랍게도 커트 캠벨Kurt Campbell 전 미국 국무부 동아시아 · 태평양 차관보, 브루킹스 연구소Brookings Institution의 마이클 오핸런Michael O'Hanlon과 리처드 부시Richard Bush, CSIS전략국제문제연구소, Center for Strategic and International Studies의 보니 글레이저Bonnie Glaser, AEI의 마이클 오슬린Michael Auslin, 존스홉킨스대 중국학과장 데이비드 램튼David Lampton 등 워싱턴 유력 인사들도 많이 등장한다.[5]

트럼프의 많은 정책, 심지어 단어 표현까지도 나바로의 표현인 경우가 많이 발견되고 있다. 트럼프는 나바로를 위해 원래 백악관에 없던 '국가무역위원회National Trade Council'를 신설해 그를 수장으로 임명했다. 그런데 백악관에서 나바로의 역할이 단순히 무역 문제를 넘어서 NSC까지 폭넓게 관여한다는 관찰이 워싱턴 정가에서 당시 나왔다.

급속도로 부상하며 미국 주도의 국제 질서를 위협하는 중국의 전횡을 더 이상 좌시하지 않겠다는 트럼프 행정부의 대 중국 견제 정책은 한국 언론이 추측하는 것보다 훨씬 더 근본적일 수 있다.

트럼프의 등장은 너무나도 드라마틱해서 그의 세계관, 대 중국 외교정책 구상, 그리고 그 배후에 있는 피터 나바로의 사상적 영향이 소설처럼 들릴 수도 있다. 하지만 미국은 이미 1970년대에 '삼각 외교'를 펼치며 당시 소련을 대상으로 초 강경정책을 펼친 사례가 있다. 당시 미국 정부는 소련을 '악'으로 묘사했다. 미국은 이러한 소련을 견제하기 위해 친 중국정책을 폈던 것이다. 그러한 중국이 커지자 이제는 중국을 견제하기 위해 러시아를 이용한다는 것이 핵심이다. 이것은 미국 판 '이이제이^{以夷制夷}' 전략이다. 이 전략은 비밀도 아니며 당시 삼각 외교 전략을 짠 헨리 키신저^{Henry Kissinger}는 후에 이 전략에 대해 자세히 기술한 바가 있다.

트럼프와 시진핑의 '강대강' 구도

예측하기 힘든 트럼프에 당황했던 중국도 이제는 사정을 파악하기 시작한 듯하다. 중국 정부가 말로는 여전히 미국과 '협력'을 강조하지만 중국학자들 중에는 미중이 서로 '친구'인 척하다가 트럼프 덕분에 그런 위장을 하지 않아도 되겠다며 ^{베이징외국어대 씨에타오(谢韬) 교수} 오히려 홀가분하다는 평도 나온다. "중국은 트럼프의 미국이 중국을 어떻게 할까가 아니라 중국 자신에게 있어 장기적인 국익이 어디에 있는지를 생각하고 전념해야 할 때이다"^{베이징대 왕지스(王缉思) 교수}라고 주장하는 목소리도 나오고 있다.

트럼프라는 '장애물'에 구애받지 말고 중국은 스스로 정한 목적을 향해 가야 한다는 것이다. 그런데 중국의 목표는 명실상부한 강대국이 되는 것이다. 즉 '중화 민족의 위대한 부흥'인 '중국몽'을 실현하는 것이다. 몸을 낮췄던 이전과 달리 미국과 마찰이 있더라도 중국의 핵심 이익은 양보하지 않고 관철하려고 한다.

중국현대국제관계연구원^{CICIR, China Institutes of Contemporary International Relations}의 다웨이^{达巍} 미국연구소 소장은 2017년 당시 미중 관계가 '엄준'^{严峻}한 시험기가 될 것이라고 전망하며 '아주 많은 곤란^{非常多的困难}'을 겪을 것이라고 했다. 그는 미국의 '차이나 배싱'에 대항해 "중국도 용감히 반격해야 하고 스스로의 이익을 지켜내야 하며 이에 따른 대가를 치를 각오도 마다하지 말아야 한다^{中国要敢于回击，捍卫自己的利益，并且不惜付出一些代价}"라고 강경한 시각을 내비치고 있다.

사실 시진핑도 물러설 수 없다. 특히 2017년은 더욱 그러했다. 2017년 11월에는 중국에서 5년마다 한 번씩 개최되는 '19차 당 대회'를 앞두고 있었다. 이 자리는 실질적으로 시진핑 제2기를 마련하는 자리였다. 중국이 미국에 의해 수세에 몰렸다는 보도는 '중화 민족의 위대한 부흥'을 부르짖는 시진핑의 국정 지지율에 영향을 줄 수밖에 없었다. '트럼프 현상'을 미국 측과 조율해

온 중국 측 인사들은 이 점을 수차례 미국에 강조한 것으로 알려져 있다. 중국 국내정치 일정상 올해는 무사히 지나가기를 원한다는 것이었다.

한국에서도 지금 우리가 보고 있는 미중 관계 변화의 조짐이 기존의 '협력과 갈등이 공존'하는 프레임에서 갈등이 격화되는 노선으로 미국 정책의 축이 바뀌는 것일 수도 있다는 시각이 점차 주류 담론으로 등장하고 있다. 이는 면밀하고 지속적인 관찰이 필요한 부분이다.

트럼프의 대중 정책 구상에 대한 이 글의 평가가 맞다면 한국이 우려하는 '안보 무임승차'를 이유로 트럼프가 주한 미군을 한국에서 철수시키거나 한국과의 동맹을 깨려고 하지는 않을 것으로 전망된다.

위에서 소개한 피터 나바로의 맥락에서 생각해보면 트럼프는 한국이 국방비에 더 많이 투자해서 미국과 함께 중국의 부상을 견제하기를 바랄 것이기 때문이다. 오히려 한국의 가장 큰 트럼프 위기는 동맹 문제가 아니라 통상 문제가 될 가능성이 높다. 한국은 이러한 동아시아 지정학 역학 관계 변화가 주는 함의를 인식하고 미중 관계 악화가 가져올 여파에 대한 다양한 사안별 시나리오 준비를 하는 등 만반의 준비를 갖춰야 할 것이다.

트럼프-시진핑
미중 정상회담 분석

"매우 성공적highly successful인 만남이었다." 미국 백악관은 성명에서 아르헨티나의 부에노스아이레스에서 열린 트럼프와 시진핑의 실무만찬회의 결과를 이렇게 평가했다. 트럼프는 "시 주석과의 관계는 아주 특별하다"며 미중 양국 정상 간의 개인적인 친분을 다시 한 번 강조했다. "실패한 정상회담은 없다"라는 외교가의 관행적 표현이 다시 맞아떨어지는 순간이었다.

그렇지만 관건은 협상의 내용이었다. 엄밀히 말하자면 문제를 해결한 것이 아니라 단지 '봉합'한 수준이었던 것이다. 따라서 '90일 휴전' 후 트럼프발 불확실성은 여전히 남아 있다고 볼 수 있다. 또한 미중 간의 구조적인 갈등 노선도 근본적으로 바뀌지 않았다.

"임시 휴전temporary truce이다." 회담 종료 후 얼마 안 있어 CNN이 내놓은 평가이다. 두 정상의 구체적인 대화 내용은 알려지지 않고 있지만, 홍콩의 유력한 영어 일간지 〈사우스차이나모닝포스트South China Morning Post〉에 따르면 '만찬이 끝날 무렵 참석자들이 박수를 치는 소리가 밖에서도 들렸다'라고 전하며 이를 '긍정적인 신호'라 논평했다. 하지만 박수를 치지 않고 끝나는 정상회담 만찬 자리는 없다.

백악관의 성명[6]에 따르면 이번 미중 정상회담에서 미국은 중국에게 후년 1월 1일부터 중국산 제품 2,000억 달러어치에 대한 관세율을 원래 예고한 25%로 올리지 않고 현행 10%를 유지하기로 했다. 그러면서도 이것이 조건부 유예임을 밝혔다.

반면 중국은 '미중 무역 불균형을 완화하기 위해to reduce the trade imbalance', '매우 상당한 분량very substantial amount'의 미국 산 농산물, 에너지, 산업 제품 등을 구매하기로 미국에 약속했다. 하지만 이 역시 구체적으로 '아직 합의되지 않았다not yet agreed upon'고만 발표하였다.

그나마 이번 미중 정상회담의 가시적 성과는 중국이 미국 산 농산품을 '즉각적immediately'으로 수입한다는 것이었다. 아마도 아이오와주를 포함한 미국 중서부의 옥수수를 수입하는 내용이 포함될 것이다.

미중 양국은 한편 '구조적 변화structural changes'에 대한 협상을 즉각 개시하기로 하였다. 이는 중국에 대한 미국의 오랜 불만 사항들인 ▲강제적인 기술 이전 ▲지식재산권 보호 문제 ▲비관세장벽 ▲사이버 침입·절도 ▲서비스업 ▲농산품 등이다.

양측은 향후 90일 기간 이내에 협상을 완료하기 위해 '노력하기로 endeavor' 했다고 말하면서도 '그러나 만약 이 기간 내 합의에 도달하지 못할 경우' 현재 10%로 잠정 보류한 중국산 제품에 대한 관세를 트럼프 정부가 경고한대로 25%로 상향 부과하기로 했다.

백악관 성명을 이렇게 조목조목 들여다보면 이번 미중 정상회담은 무역 전쟁 '타결'이라기보다 CNN이 진단한 대로 '임시 휴전' 성격이 짙다. '해결' 보다는 '봉합'인 것이다. 그리고 '중국이 A 조건을 만족시키지 않으면, 미국이 B 조치를 취하겠다'는 경고가 담겨 있기도 하다. 그 시간이 90일로 정해진 것은 '최후통첩'으로도 읽힌다.

백악관 성명은 마지막으로 '북한에 대해with respect to North Korea'라고 언급하면서 한 문단을 따로 할애하고 있다. 내용은 크게 세 가지다. ▲북한 문제에 있어 '상당한 진전great progress'이 이루어졌다는 인식에 미중이 동의하고, ▲앞으로 트럼프 대통령은 시 주석 및 김정은 위원장과 함께 핵 없는 한반도를 만들기 위해 노력하며, ▲트럼프 대통령은 '김 위원장에 대한 우정과 존경friendship and respect을 표했다'는 내용이다.

미국과 중국이 양자 간의 무역전쟁 타결을 목적으로 모인 자리이고, 양국 간의 무역 문제가 이미 몇 개월 동안 미중 관계를 매우 긴장된 상태로 몰고 온 상황인데 북한 문제는 갑자기 왜 '생뚱맞게' 나왔을까? 그것도 아예 따로 한 문단을 만들어 넣으면서까지 말이다.

버락 오바마 시기 이후 미중 정상회담에는 한 가지 특징이 있는데, 양국이 협상에서 타결한 수준이 미미할 경우 회담의 성과 부각 차원에서 그나마 서로 동의하는 부분을 애써 부각시키려 한다는 것이다. 그것이 바로 '북한 비핵화'였던 것이다. 한국으로서는 미중 회담에서 양 정상이 북핵 문제에 관심을 보여 긍정적이기는 하지만 실상 다른 이유가 있을 수 있다는 것이다.

그 대표적인 경우가 지난 2013년 미국 캘리포니아주 랜초 미라지Rancho Mirage의 서니랜즈Sunnylands에서 개최된 오바마와 시진핑의 정상회담이다. 당시 두 정상이 '넥타이를 풀고' 허심탄회하게 미중 협력의 앞날에 대해 논의하고, 특히 북핵 문제에 대해 긴밀하게 협력하기로 하였다는 취지로 한국 언론에도 크게 보도되었다. 그러나 실상은 이와 달랐다.

북핵 문제는 당시 톰 도닐런Tom Donilon 백악관 국가안보좌관이 사전에 베이징을 방문하여 중국 당국과 '입'을 맞춘 부분이었다. 서니랜즈 현장에서 오바와와 시진핑이 의기투합하여 협력하기로 한 것이 아니다. 즉 미중 정상회담이 성과가 없을 경우를 대비해 '사전 준비'한 정상회담 성과물로 여기는 것이 옳을 것이다.

당시 미중 정상회담에서 오바마는 시진핑에게 무역 불균형, 특히 중국의 미국 국방부 사이버 해킹에 대해 강하게 항의를 하였는데, 시진핑이 이에 대해 '파일에 준비한 발언미리 정해놓은 공식 입장'만 하는 등 실제 미중 간 문제에서 많은 진전을 이루지 못했다. 그래서 회담의 성공을 강조하기 위해 '북한'이 들어간 것이었다.

그런 취지에서 되짚어보면 이번에 미중 무역전쟁에 관한 백악관 성명에 북한 문제가 제법 '큰 자리'를 차지하며 올라가 있는 것은 얼핏 우리 한반도 에는 좋은 일 같지만, 미중 협상이 순탄치 않았구나, 라고 유추할 수 있게 하는 대목이기도 하다.

미중 협상이 양국의 발표와 달리 순탄치 않았음을 드러내는 또 하나의 단서는 중국 측 정부가 내놓은 회담 결과이다. 왕이王毅 중국 외교 담당 국무 위원 겸 외교부장의 발언을 소개하는 형식으로 진행된 것인데, 과연 미중이 같은 회의를 한 것이 맞는지 의아한 생각마저 들게 한다. 미국 정부가 언급한 90일 협상 기간은 아예 언급조차 되어 있지 않았을 뿐 아니라 미국이 강조한 대부분의 내용이 누락되어 있었다.

또한 미국과 중국 '쌍방이 서로 시장을 개방하기로 동의했다双方同意相互开放市场'[7]라고 적혀 있었다. 이는 백악관 성명에 없는 부분이었다. 그리고 중국이 북한 비핵화와 한반도 평화에 기여를 했고 '미국이 중국의 적극적 역할에 대해 칭찬했다美方赞赏中方发挥的积极作用'라고 적혀 있었다. 미중 양측의 발표문에서 드러난 내용이 이처럼 큰 차이를 보이는 이유는 미중의 상호 인식 격차가 작지 않음을 시사하기 때문이다.

전반적으로 평가할 때 이번 회담은 정상 간 담판에서 돌파구를 찾지 못하고 실무진에 공을 넘기는 봉합 수준이었다. 그러다 보니 전망은 불확실하기만 하다. '90일 휴전'을 선포해서 일단 주식시장은 환호했다. 하지만 앞으로의 불확실성은 여전히 남아 있다. 관건은 중국의 미국 산 제품의 '대량 구매'가 아니라 미중 무역 관계에서 보다 본질적인 '구조적 변화'에 대한 협상을 과연 90일 동안 타결할 수 있냐에 달려 있을 것이다. 물론 이는 결코 쉽지 않은 일이다.

한국 입장에서 볼 때 미중이 충돌로 갈 때 한국 외교가 준비해야 할 숙제는 더 많아진다. 어렵고 힘이 더 들더라도 신중한 쪽으로 준비해야 하는 것들이 남아 있다.

표 1. 미중 무역 분쟁 타임라인

날짜	미국	중국
1월 22일	· 트럼프, 태양광패널(30%)과 세탁기(20%)에 대한 관세 부과 서명 - 중국은, 세계 최대 태양광패널 생산국	—
2월 16일	· 상무부 철강(24%)과 알루미늄(7.7%) 검토 - 중국은 세계 최대 철강 생산국	—
3월 8일	· 철강(25%)과 알루미늄(10%) 관세 부과 승인 - 멕시코와 캐나다 제외	—
3월 22일	· 트럼프 대통령 중국 제품에 대한 국경세 제안 - 중국 수입품에 대한 500억 달러 규모 관세 계획 발표	· 미국 수입품에 대한 30억 달러 규모의 관세 대응 검토 - 철강과 알루미늄 관세에 대한 대응 조치
4월 2일	—	· 28개 미국 제품에 대해 추가 관세(25%) 조치 - 철강과 알루미늄 관세에 대한 대응 조치
4월 3일	· 중국 전자제품에 대해 500억 달러 규모의 관세 부과 조치 - 평면 TV, 의료기기, 항공 부품과 배터리	—

4월 4일	—	·추가적인 미국 제품에 대해 500억 달러 규모 보복 관세 조치 - 콩, 자동차, 그리고 화학제품 등
4월 5일	·트럼프, 중국 정부에 대응하여 1,000억 달러 규모 관세 조치 고려	—
5월 19일	·중국의 유화적 조치에 대해 1,500억 규모의 관세 조치 유예 의사 표시	·미국 제품과 서비스 구매 확대
5월 28일	·500억 달러 규모의 중국 수입품에 25% 관세 부과 조치	—
5월 31일	—	·식품과 저가 공산품에 대한 관세 인하 계획
6월 6일	·ZTE에 대한 규제 해제 - 10억 달러 벌금; 4억 달러 이행보증금 납부, 경영진 및 이사회 교체 등의 조건	—
6월 15일	·1단계로 7월 6일부로 340억 달러 규모의 중국 수입품에 관세 조치, 2단계로 160억 달러 규모에 대한 관세 조치 검토 - USTR의 검토 후 4월 6일 1,333개 품목에서 515개 품목이 빠지고, 284개 품목이 추가되어 총 1,102개 품목	·상무부, 추가적인 미국 수입품에 대한 보복 관세 부과 대응 - 7월 6일부로 340억 달러 규모 545개 품목 (농수산물, 자동차 등)
6월 18일	·트럼프, 2,000억 달러 상당의 중국 수입품에 대해 10% 추가 관세 검토 지시	—
7월 10일	·USTR은 2,000억 달러 상당의 관세 대상 품목 리스트 공개	—
8월 1일	·트럼프 추가 관세 10%가 아닌 25% 원한다고 발언	—
8월 3일	—	·이에 대응하여 600억 달러 상당에 5%에서 25% 추가 관세를 부과할 수 있다고 발표

자료: 〈The New York Times〉 및 PIIE 자료 재구성
출처: 고동환, 〈미·중 무역 분쟁의 배경과 그 영향〉, 정보통신정책연구원, 2018.8.22., http://m.kisdi.re.kr/mobile/common/premium?file=1%7C14384

경제 논리로
설명되지 않는
미중 무역전쟁

미중 무역전쟁,
합리적 선택이 가능한가?

부에노스아이레스 G20 회의 기간 중 전 세계 주목을 받은 트럼프와 시진핑의 만남 이후 국회외교통상위원장을 지낸 어느 인사는 필자에게 '미중이 결국 타협을 모색하게 될 것이다. 무역전쟁은 결국 양쪽 다 손해이니까'라고 내다 봤다. 경제 논리에서 보면 미중 양쪽 다 파국을 피하는 '합리적 선택'rational choice을 할 것이라는 논지였다.

하지만 여의도에 있는 국내 유수의 어느 경제연구소의 선임 연구자는 생각이 조금 달랐다. '우리처럼 경제를 분석하는 사람의 입장에서 보면 미중이 타협하는 것이 맞다. 그런데 현재 진행되고 있는 상황을 보면 경제 논리에 부합하지 않는 부분들이 많다. 연구소 내부에서도 솔직히 혼동이 있다. 경제 논

도표 5. 트럼프 행정부가 겨냥하는 1,300여 개의 중국 제품

Value of Imports from China, 2017

트럼프 행정부의 무역 전쟁 조치로 인해 영향을 받는 품목으로는 주로 기계, 전자기기, 광학기기 등이 있다.

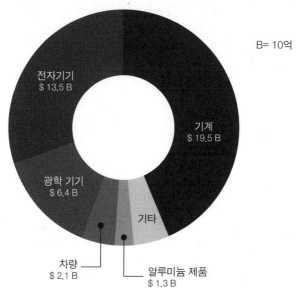

B= 10억

전자기기
$ 13.5 B

기계
$ 19.5 B

광학 기기
$ 6.4 B

기타

차량
$ 2.1 B

알루미늄 제품
$ 1.3 B

자료: Office of United States Trade Representative
출처: Avi Salzman and Evie Liu, "The Brewing U.S.-China Trade War, Explained in Charts", Barron's, 2018.4.9.

리로만 훈련받은 우리의 한계인지도 모른다'라고 소회를 밝혔다.

　미중 무역전쟁이 '경제 논리'로 통쾌하게 해석되지 않고 있다면 다른 요소가 작동하고 있다는 반증일 것이다. 그리고 이러한 '다른 요인들non-economic factors'의 영향력이 제법 상당한 수준이어서 경제 문제여야 할 무역 분쟁의 본질을 흔들 정도이다. 조금 더 사고의 개연성을 넓혀 보자면, 어쩌면 미중 무역전쟁의 본질은 무역이 아닐 수도 있다. 다시 말해 무역전쟁은 이제 막 모습을 드러내기 시작하는 미국과 중국의 구조적 갈등의 일각인지도 모른다.

섣부른 결론은 지양할지라도, '싸워봤자 둘 다 손해'인데 미국은 왜 중국에게 무역전쟁을 하고 있나, 라는 질문을 할 수 있다. 무역전쟁을 시작한 쪽은 미국이니 원인 제공자는 중국이 될 것이다. 중국이 무엇을 잘못한 것일까?

여기에 대해서도 제법 많은 논의가 이미 전개되고 있다. 그 대표적인 것이 소위 중국 정부가 내놓은 '중국제조 2025^{中國製造 2025, Made in China 2025}'이다. 처음에는 단순히 중국이 기술 혁신을 하자는 하나의 슬로건인 줄 알았다. 독일도 근년에 '인더스트리 4.0'란 제조업 부흥 정책을 걸었기 때문이다.

한국도 경제 도약 과정에서 '증산-수출-건설' 혹은 '세계화' 등의 슬로건을 사용해 산업화를 장려했다. 산업화 과정을 겪으면서 기술 혁신을 하는 과정도 겪었고 그 결과 삼성, LG 같은 세계 유수의 기업을 가지게 된, 경험상 이해할 수 있는 부분일 수도 있다. 그래서 얼핏 보면 중국 제조업이 단순히 '세계 공장^{world's factory}'이라는 기존의 역할에서 한 단계 올라서려는 모습으로 보일 수 있다.

그런데 뚜껑을 열어보니 이것이 그리 간단한 구호가 아니라 야심찬 국가 프로젝트란 사실이 드러나고 있는 것이다. '중국제조 2025'는 리커창^{李克强} 총리가 2015년 3월 '양회^{兩會}' 기간에 처음 언급하고 5월에 정식 발표한 것이다.

표 2. 주요 부문에서의 추가 관세에 영향 받는 미국의 對 중국 수입 특성

NAICS 분류	주요 산업	301조 관세에 영향을 받는 미국의 수입 품목	그 중 중국의 외자합자기업의 생산품이 차지하는 비율
325	화학	4.56	14.56
333	전자기기를 제외한 기기	32.79	59.35
334	컴퓨터 및 전자제품	8.32	85.62
335	전자장비, 기기, 부품	10.15	63.17
339	기타 제품	4.17	68.44

미국이 중국을 대상으로 하는 관세 조치가 중국 경제뿐만 아니라 미국 투자자들의 손해도 감수하면서까지 이루어지고 있다. 즉, 기존에는 무역이 절대적인 상호 이익을 위해 추구되었다면 무역 전쟁은 제로섬 게임 안에서 본국과 상대방의 상대적인 힘을 약화시키기 위해 존재한다는 것을 보여준다.

자료: Lovely and Liang(2018) 재인용
출처: 고동환, 〈미·중 무역 분쟁의 배경과 그 영향〉, 정보통신정책연구원, 2018.8.22., http://m.kisdi.re.kr/mobile/common/premium?file=1%7C14384

2025년이 되는 10년 내 중국을 '제조업 대국'에서 '제조업 강국'으로 탈바꿈시키고, 다시 10년 후인 2035년에는 제조업 선두 주자인 독일, 일본을 초월하겠다는 구체적 시한과 달성 목표까지 제시하고 있다. 그리고 다시 2049년에는 세계 1위의 첨단 제조국이 되는 것이다. 미국을 명시하고 있지는 않지만 목표는 미국을 초월하는 것이다.

2049년은 중국공산당이 국공내전에서 승리하고 소위 '신 중국^{新中國}'을 건설한 지 100주년이 되는 해이다. 시진핑이 19차 당 대회에서 2050년까지 '사회주의 선진국'을 건설하겠다고 한 것은 이러한 시기를 염두에 둔 것이다.

그리고 이는 경제적으로, 군사적으로 명실상부한 세계 1등 국가가 되는 것이고, 시진핑 정부의 야심인 '중화 민족의 위대한 부흥'인 중국몽中國夢을 이룩한다는 시대정신을 기반으로 하고 있다.

'중국제조 2025'는 그 주력 분야가 첨단 제조업을 중심으로 하는데 빅데이터, IT, 항공 산업, 신소재, 인공지능, 생명과학 등 사실은 현재 미국이 경쟁력을 장악하고 있는 분야에서 중국이 경쟁하고 심지어 따라잡겠다는 야심찬 계획이다. '미국이 갖고 있는 것이면 중국도 갖겠다'라는 경쟁 심리는 마오쩌둥毛澤東이 핵무기를 개발한 원초적 동기 중 하나였고, 2012년 중국이 우크라이나의 중고 항공모함을 사들여 본격적인 항모 보유국 시대를 연 것도 미국과의 미래 패권 경쟁을 준비하는 작업의 서장이었다고 할 수 있다.

이는 인공지능 등 '4차 산업혁명의 신경망'이라는 5G 산업 경쟁도 마찬가지이다. 최근 전격적으로 체포된 화웨이의 2인자 명완저우孟晚舟 부회장 겸 최고재무책임자CFO에 대해 테드 크루즈Ted Cruz 미 상원의원이 '화웨이는 통신회사의 베일을 쓴 중국공산당 첩보기관'이라는 글을 트위터에 올렸다. 민주당 소속 마크 워너Mark Warner 상원의원은 화웨이가 '중국 정부의 끄나풀이며 미국 국가 안보에 대한 위협'이라고 명시했다. 사실 여부에 상관없이 미국이 중국에 대해 느끼는 위협 인식을 투영하고 있는 것이다.

중국은 산업 업그레이드 과정에서 미국의 첨단 과학 기술을 해킹하거나 중국에 진출한 미국 기업들에게 중국에서 사업을 하려면 핵심 기술을 이전하라고 강제 기술 이전 요구하고 있다. 중국이 이러한 미국 첨단 기술을 블랙홀처럼 빨아들여 '기술굴기'를 통해 중국의 오랜 열망인 '미국을 초월하는超越美國' 강국을 2050년까지 이룩하겠다는 것이 결국 시진핑이 주창한 '중화 민족의 위대한 부흥'인 중국몽을 실현하겠다는 것이라고 미국은 보고 있다. 다시 말해 미국은 '중국제조 2025'가 단순한 산업 정책이 아니라 경제와 산업 발전을 중국 미래 패권의 중요한 수단으로 삼겠다는 '불순한 동기'를 갖고 있다고 보고 있는 것이다.

미국 입장에서 보면 중국은 단순한 첨단 산업 기술 혁신 경쟁이 아니라 '패권 경쟁'을 위한 저돌적인 준비를 하고 있는 것이다. 첨단 기술 분야인 드론, 인공지능, 안면인식 기술 등은 정찰 위성, 무인 정찰기 등 군사 기술에 응용될 수 있다. 공교롭게도 최근 중국은 '군-민 간 협력'을 강조하고 있다. 게다가 미국 입장에서 볼 때 중국은 이러한 기술 획득을 공평한 경쟁을 통해서 하지 않고 해킹이나, 산업 스파이, 그리고 중국 시장에 진출하려는 외국 기업들에게 기술 이전을 조건으로 걸고 있다.

마이크 펜스Mike Pence 미국 부통령은 지난 10월 허드슨 연구소에서 행한 연설에서 "중국은 정부 차원에서 미국 안에 영향력을 심어 중국의 이익을 도모하고 있으며, 이를 위해 정치적, 경제적, 군사적 그리고 프로파간다propaganda 수단을 총동원하고 있다"라고 포문을 열었다. 중국이 미국 체제에 위협이 된다는 것이다. 그리고 무려 40분간의 연설을 오직 중국이라는 한 국가에 할애하여 조목조목 문제점을 비판했다.

펜스의 연설은 한국에서는 그 중요성이 제대로 인지되지 못했는데,[8] 사실 준비 과정에서 트럼프 행정부 각 부처 간에 광범위한 조율이 있었다. 일부 미국 전문가들은 이를 심지어 미중 관계의 '변곡점inflection point'으로 보기도 한다. 즉 미중 관계는 펜스 연설 '이전과 이후'로 나뉜다는 것이다.

미중 무역전쟁을 멈추려면 중국이 미국 측의 요구 사항을 받아들이기만 하면 된다. 그런데 가만히 들여다보면 그것이 그렇게 쉽지만은 않다. 우선 중국의 자금력으로 '미국 산 제품의 대량 구입'을 통해 미국을 달랠 수 있다면 중국은 그렇게 할 용의가 있다. 문제는 미국이 그 정도 선에서 중국과 악수를 할 용의가 있느냐이다.

오바마 행정부에서 아시아 정책 수장이었던 커트 캠벨 전 미국 국무부 동아태 차관보에 의하면 현재 미국 내에서는 중국과의 무역전쟁을 바라보는 입장과 관련해 강경파와 온건파 두 부류로 나뉜 게 아니라 더 복잡하게 세 가지 그룹으로 나뉘어 있다고 전해진다. 첫째는 중국이 원하는 대로 미국 산 제품을 중국이 '대량 구입'하면 중국과 타협하자는 생각을 가지고 있는 그룹. 둘째는 중국의 근본적인 불공정·불량 행위를 바로 잡기 위한 '룰rule'을 지정해야 한다는 그룹. 셋째는 아예 이참에 중국이 근본적으로 미국에 도전할 수 없도록 철저하게 중국의 '기술굴기'를 억제하여 중국이 미국의 패권 지위를 넘보지 못하게 해야 한다는 그룹이 있다.

여기서 유념할 점은 현재 미국에서는 공화당과 민주당에 상관없이 중국에 대한 경계심과 반중정서가 전반적으로 고조되고 있다는 사실이다. 그리고 이것은 갈수록 미국 사회를 반영하는 '시대정신'이 되고 있다. 미국 대학들이 중국 유학생들에 대한 비자 심사 강화, 미국 내 중국 정부의 돈으로 운영되는 공자학원 폐쇄 움직임, 중국 기업인들의 실리콘밸리 투자나 협업에 대한 감독 강화, 그리고 최근 화웨이 부회장 체포 등은 이를 상징적으로 보여주고 있다.

이 모든 것의 배경에는 중국의 전반적인 국력이 미국과의 격차를 갈수록 좁혀나가고 있다는 사실이 내포되어 있다. 20여 년 전 미국 국력의 8분의 1이었던 중국 경제가 트럼프 행정부가 들어서고서 미국 경제의 4분의 3까지 급속도로 쫓아왔다. 이 상태로 가면 2030년에서 2035년 사이 중국이 세계 1위의 경제 대국이 되는 것은 시간문제로 미국국가정보위원회[NIC, National Intelligence Council]는 내다보고 있다.

경제뿐만이 아니다. 군사적으로 봐도 미국의 중국에 대한 경계는 더욱 확연하다. 미국에서 2017년 말 발간된 국가안보전략[NSS, National Security Strategy] 보고서는 중국을 미국 주도의 국제 질서에 도전하는 수정주의[revisionist] 국가로 이미 규정했다. 2018년 2월 초 발간된 핵태세검토보고서[NPR, Nuclear Posture Review]의 중국 부분 첫 문단은 다음과 같이 시작하고 있다. '시진핑 주석은 제19차 당 대회에서 중국의 군대가 2050년까지 '일류 군대로 완전히 탈바꿈할 것이다'라고 말했던 방향에 맞춰 핵전력에 필요한 군 병력의 숫자, 역량, 그리고 핵전력 방위 능력을 향상시키고 있다.' 이는 중국이 경제굴기뿐만 아니라 군사굴기까지 하고 있다는 것이다.

종합적으로 볼 때 미중 무역 마찰은 경제적인 측면이지만 시간이 갈수록 양국 마찰이 경제 차원을 넘어서고 있다는 지적이 힘을 얻고 있다. 설사 무역전쟁에 대한 잠정적인 타협이 이루어진다 하더라도 미국의 대 중국 압박은 다양한 영역에서 지속될 것으로 보인다. 부통령 펜스가 연설한 시점이 G20 트럼프-시진핑 정상회담 한 달 전이라는 사실도 주목해야 한다. '백악관은 미중 무역전쟁의 긴장을 낮추는 것이 가까운 시일 내에 가능하지도 않고 바람직하지도 않다는 시그널을 보낸 것'이라는 라이언 하스[Ryan Hass] 브루킹스 연구소 연구원의 말은 귀담아 들을 만하다.

미국의 요구 중에는 중국 국영기업 개혁이 포함되는데 국영기업은 중국 공산당에 자금을 제공하는 '혈관'이다. '국유기업을 구조조정하라는 것은 중국공산당에게 팔목에 칼을 긋고 자살하라는 얘기'라고 말한 어느 중국학자의 진단은 의미심장하기까지 하다. 공교롭게도 시진핑 정부가 들어서면서부터 국유기업의 위상은 더욱 강화되고 있는 판국이어서 미국의 의심은 더욱 강화될 수밖에 없다.

이를 종합해 보았을 때 한국에게 주는 시사점은 다음과 같다. 첫째, 만약 현재 우리가 목도하고 있는 미중 무역전쟁이 단순히 무역 분쟁이 아니라 미래 패권 경쟁이라면 이것을 더욱 정확하게 직시해야 한다. 둘째, 미중 패권 싸움이라면 이는 단기적인 과정이 아니라 중장기적인 갈등이 될 것이다. 금방 끝날 사항이 아니라는 것이다. 셋째, 미중 관계가 악화될 때 나올 수 있는 지정학/지경학적 리스크에 대비해야 한다. 미국의 요청으로 화웨이 부회장을 체포한 캐나다가 중국으로부터 '즉시 석방하지 않으면 심각한 결과가 있을 것'이라고 강력한 반발을 산 데서 볼 수 있듯이 미중 사이의 갈등에 제3국이 노출될 수 있다.

이는 한국도 예외가 아니다. 한국 같은 중견국가는 미중 사이에서 '포지셔닝'이 더욱 힘들어질 수 있다. 사드 파동이 대표적이다. 중국이 추진하고 미국이 눈살을 찌푸리는 '일대일로' 사업 역시 잠재적인 폭탄이 될 수 있다. 한국이 표방하는 중견국가는 미중 사이 딱 가운데에 있겠다는 '중간 국가'가 아니다. 강대국들은 중간에 있는 국가들에게 '선택'을 강요하는 오랜 버릇을 버리지 못할 것이다. 한국은 전략적 선택 유연성이 좁아질 수 있다는 점을 유념하고 선제적으로 준비해야 할 것이다.

미중 무역전쟁에 대한 한국 사회의 3가지 인식 조정

미중 무역전쟁에 대한 한국 사회의 인식이 무역전쟁 개시 1년을 지나면서 세 가지 조정기를 겪고 있다. 첫째, 무역전쟁이 알고 보니 무역전쟁이 아니라는 것이다. 본질은 '미래 패권 경쟁'의 성격을 내포하고 있다는 것이다. 둘째, 경제 논리에 의하면 '싸우면 둘 다 손해인 무역전쟁'이 이내 타협을 볼 것으로 봤는데 시간이 흐를수록 장기화할 가능성을 보이고 있다는 것이다. '타협 불가피론'이 조정을 받고 있는 것이다. 셋째, 미중 갈등이 '그나마 무역

도표 6. 미국의 무역 적자(GDP 대비) 추이

주: 중국 비중은 대 세계 무역 적자 대비 대 중국 무역 적자 비중

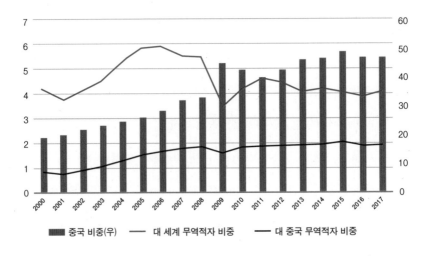

■ 중국 비중(우)　—— 대 세계 무역적자 비중　—— 대 중국 무역적자 비중

자료: US Census Bureau
출처: 고동환, 〈미·중 무역 분쟁의 배경과 그 영향〉, 정보통신정책연구원, 2018.8.22., http://m.kisdi.re.kr/mobile/common/premium?file=1%7C14384

전쟁이라 다행'이라는 시각이다. 총을 들고 싸우는 것보다 낫다는 것이다. 이는 미중 관계에서 '무역'이 어떤 역할을 해왔는가에 대한 인식 부족에서 나온다.

　미중 관계의 역사적 흐름에서 보자면 미중 무역전쟁의 성격은 판이하게 그 무게감이 다르다. 그것은 그동안 산적한 미중 갈등을 막아주었던 마지막 보루가 무너진 것과 같다. 한국은 미중 관계 악화에 따라 양 강대국 사이에서 가장 포지셔닝하는 데 어려움을 겪게 될 수도 있다. 거친 국제 정세 속에서 두 강대국 사이에 긴 한국이 어느 쪽의 불만도 사지 않기 위해 애쓰는 것은 당연하지만, 미중 간 힘의 경쟁에서 머지않아 지속적인 선택을 강요받게 될

것이다. 양국 간의 무역전쟁을 미중 간 미래 패권 경쟁이라고 볼 때 미중 관계의 새로운 균형점을 모색하는 과정은 단기적인 과제가 아니다. '미중 사이 한국의 선택' 문제는 향후 한국 사회에서 가장 분열적인 담론으로 등장할 수 있다. 한국 정부는 이에 선제적으로 대응할 필요가 있다고 사료된다.

무역전쟁에 대한 한국 사회의 인식이 조정기를 겪고 있다. 첫 번째 조정은 미중 무역전쟁이 알고 보니 단순한 '경제 문제의 갈등'이 아니라는 점 때문이다. 통상적 무역 불균형에 대한 문제라고 봤는데 본질은 갈수록 '미래 패권 경쟁'의 성격을 내포하고 있다는 것이다. 두 번째 조정은 '싸우면 둘 다 손해이니까 미중이 샅바 싸움을 하며 신경전을 벌이긴 해도 이내 타협할 것'이라고 봤는데 시간이 흐를수록 그렇지 않는 방향으로 진행되고 있다는 것이다. 이렇게 미중 타협 불가피론도 조정을 받고 있다.

아닌 게 아니라 미중 타협 불가피론은 이제껏 한국 사회에서 무역전쟁 향방을 점치는 가장 주요한 프레임으로 사용되었다. 이는 아마도 경제 논리의 관점에서 보면 타협이 본연적 설득력을 지니기 때문일 것이다. 경제 주체의 지상 최대 명제는 '이익 추구'이다. 그것의 마지노선은 손해를 보지 않는 것이다. 미국과 중국이 서로 싸우면 둘 다 손해이니까 결국 타협을 보는 것이 경제 논리에서 보자면 자명하다. 한미 FTA 협상에 직접 관여했던 한 고위 관료도 미중이 곧 타협할 것이라 내다봤다. 즉, 단기전으로 본 것이다.

그런데 '싸우면 둘 다 손해'인 미중 무역전쟁이 2019년 새해 들어서도 지속되고 있다. 이런 상황에서 2월 말 베트남에서 개최된 제2차 북미정상회담 전후로 트럼프와 시진핑이 만나 양국 최고 지도자 차원에서 무역 갈등을 매듭짓는 수순으로 갈 것이라는 예상이 있었지만 그 회동도 전격적으로 무산되었다. 무역전쟁을 마무리짓기 위한 미중 정상 회동이 3월로 연기되었고, 다시 4월이 될 것이라는 말이 나왔으며, 이 글을 쓰고 있는 시점에서는 미중 양국의 국내 정치 사정상 6월 일본에서 열리는 G20 정상회담에서야 가능할 것이라는 말이 나오고 있다. 설사 미중 정상이 만나 합의가 나와도 미봉책 수준이 될 가능성이 높고, 트럼프는 이것을 국내 정치적으로 이용해서 자신이 '승리'했다고 선언할 수도 있다.

미중 무역전쟁은 '봉합 후 다시 악화', 그리고 다시 봉합 그리고 다시 악화라는 과정을 수차례 반복하면서 전체적으로는 미중 관계가 '하향평준화' 포물선을 그리면서 악화의 트렌드로 진행될 가능성이 높다.

무역전쟁이라
더 위험한 미중 갈등

　미중 무역전쟁에 대한 한국 사회의 인식에서 조정이 아직도 미뤄지고 있는 것이 하나 더 있다. 그것은 미중 갈등이 '그나마 무역전쟁이라 다행'이라는 시각이다. 총을 들고 싸우는 것보다 낫다는 것이다. 이 말은 얼핏 들어도 상당히 설득력이 있다. 아마 그래서 인식 조정이 미뤄지고 있는 것일 테다. 무역 갈등은 현대 국제사회에서 빈번히 있기도 하다. 동맹 관계인 한·미 사이에도 있지 않은가.

　그런데 수교 40주년을 맞는 미중 관계의 역사적 흐름에서 보자면 미중 무역전쟁의 성격은 판이하게 그 무게감이 다르다. 그것은 그동안 산적한 미중 갈등을 막아주었던 마지막 '보루'가 무너진 것과 다름없다. 이는 미중 관

표 3. 미중 고율 관세 부과 현황

미국		중국
중국 수입품에 대한 관세 25%	세율	미국 수입품에 관세 25%, 15% 동시 부과
'중국제조 2025' 10대 핵심 업종 1,300개 품목 고성능 의료기기, 바이오 신약 기술 및 제약 원료 물질, 산업로봇, 통신 장비, 첨단 화학제품, 항공우주, 해양 엔지니어링, 전기차, 발광다이오드, 반도체 등	대상 및 품목	25%의 관세 부과 8개 품목: 돈육, 돈육제품, 재활용 알루미늄 등 2017년 수입액 19억 9,200만 달러 106개 품목 추가 대두, 자동차, 화공품, 항공기 등 14개 분야 15%의 관세 부과 120개 품목: 신선과일, 건조과일, 견과류, 와인, 미국산 인삼, 강관(철강 파이프) 등 2017년 수입액 9억 7,700만 달러
500억 달러	관세 부과 규모	30억 달러

자료: 이재윤, "美中, '관세폭탄'맞교환…G2 무역 충돌 속 물밑협상도 병행", 연합뉴스, 2018.4.4.
출처: 다음에서 재인용(구기보, "미중 무역 전쟁이 한국 경제에 미치는 영향", 대외경제정책연구원 중국전문가포럼, 2018.5.17., http://csf.kiep.go.kr/expertColr/M004000000/view.do?articleId=29723)

계에서 무역이 어떤 역할을 해왔는가를 살펴보면 알 수 있다.

미국과 중국은 정치 체제 및 사회 구조가 판이하게 다른 사회이다. 지난 40여 년간 인권 문제, 대만 문제, 티베트, 언론의 자유, 소수 민족 핍박, 종교 억압, 이데올로기 대립 등 미중 간에는 만성적인 충돌의 뇌관들이 무수했다. 그러한 대립으로 양국 관계가 본질적으로 악화되는 것을 막아준 완충제가 바로 미중 양국의 긴밀한 경제적 상호 의존이었다. 미중 간의 깊은 '전략적 불신'을 극복하게 해준 것도 바로 경제적 '공동 이익'이었다전 미국 고위 관료의 소회.

현재 우리가 목도하는 상황은 그러한 미중 갈등의 완충 역할을 했던 둑이 무너지는 순간이다. 산적했던 갈등이 표출되는 것이다. 즉 무역전쟁은 미중 관계를 지탱해 왔던 버팀목이 무너진다는 것을 알리는 신호탄이다.

무역 이외에 미국 사회의 '전방위'적인 중국 경계 분위기 확대

경제뿐만 아니라 군사 분야에서 중국을 경계하는 미국의 모습이 더욱 확연하게 나타나고 있는 것 역시 같은 맥락이다. 2018년 1월만 해도 마이크 폼페이오Mike Pompeo 당시 CIA 수장은 중국을 '러시아와 동급으로 미국에 큰 위협as big a threat to US as Russia'이라고 표현했다. 거의 1년이 지난 2018년 말 폼페이오는 12월 10일 러시아를 쏙 빼고 중국만 꼬집어 '중국은 미국에게 가장 큰 위협China presents the greatest challenge that the United States will face' [9]이라고 명시했다.

미국이 중국에 대해 경계를 넘어 적대시하는 경향이 확산된 것은 무역전쟁이나 정치인의 수사修辭를 넘어 미국 정부의 공식적 전략 문서와 법안에 공개적으로 명시되고 있다는 점도 간과해서는 안 된다. 즉 '공식화', '문서화'하고 있다는 것이다. 2017년 12월에 발간된 국가안보전략보고서NSS[10], 2018년 1월 발표된 국방전략보고서NDS, 2018년 2월에 나온 핵태세검토보고서NPR[11], 2018년 8월에 의회를 통과한 '2019 회계연도 국방수권법NDAA'[12],

도표 7. 미중 무역 전쟁의 전개

Tariffs imposed in US/China trade war in 2018, by total value of affected imports(as of August 23, 2018)

무역 전쟁은 미국이 주도하고 있으며, 미국의 조치로 인해 중국이 대응 조치를 하는 방식으로 진행되고 있다.

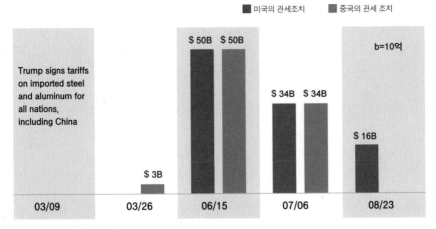

■ 미국의 관세조치   ■ 중국의 관세 조치

자료: Bloomberg, CNN
출처: Sarah Feldman, "US-Chinese Trade War Escalates", The Statistics Portal, 2018.8.23., HYPERLINK "https://www.statista.com/chart/15199/us-chinese-trade-war-escalates/"https://www.statista.com/chart/15199/us-chinese-trade-war-escalates/

2019년 1월 발표된 미사일방어검토보고서MDR는 모두 일관적인 메시지를 담고 있다. 트럼프 대통령 시기에 중국의 부상을 저지하려는 미국의 전략적 목표가 확고해졌다는 것이다. 특히 '국군수권법 섹션 1261'은 '미국의 대 중국 전략United States Strategy on China'을 규정하고 있는데 여기에는 중국과의 장기적인 전략적 경쟁이 미국의 주된 우선 사항이라고 '선포한다declare'고 적혀 있다. 여기에서 주어는 미국 '의회'다. 트럼프 행정부가 아니다. 이는 트럼프 정부 이후에도 계속된다는 의미이다.

이런 맥락에서 이제 한국 사회에서도 미중 무역 마찰이 시간이 갈수록 경제 차원을 넘어서고 있다는 지적이 힘을 얻고 있다. 설사 '90일 휴전' 후 미중 간 무역전쟁에 대한 잠정적인 타협이 이루어진다 하더라도 미국의 대 중국 압박은 다양한 영역에서 지속될 것으로 보인다.

한국은 미중 관계 악화에 따라 '포지셔닝'이 가장 어려울 수 있는 국가

한국은 미중 관계 악화에 따라 양 강대국 사이에서 가장 '포지셔닝'의 어려움을 겪게 될 수 있다. 미중 관계 악화는 미중이 반드시 물리적 충돌로 간다는 극단 편향적 결론을 의미하는 것이 아니다. 그럼에도 미중 '강 대 강' 정치 구조 중간에 위치한 한국으로서는 저 강도의 미중 갈등도 그것이 한반도에 투사될 때는 국가적 수준의 도전이 될 수 있다는 사실을 인지해야 한다. '사드 배치'를 둘러싸고 한국이 한바탕 치른 홍역은 그 대표적 예라 할 수 있다. 한국은 미중 간의 힘의 경쟁에서 지속적인 선택을 강요받게 될 것이다.

미중 간 미래 패권 경쟁이라는 시각에서 볼 때 미중 관계의 새로운 균형점을 모색하는 과정은 단기적인 과제가 아닐 것이다. 즉 금방 끝날 사안으로 치부해서는 안 된다는 뜻이다. 미국 의회 차원에서 중국과의 관계를 '장기적인 전략적 경쟁long-term strategic competition'이라고 명시한 사항을 본다면 이는 미중 갈등의 장기 지속 가능성에 대한 미국의 판단이 드러나 있다고 할 수 있다.

미중 반목이 심화되면서 '안보=미국', '경제=중국'이란 공식이 더 이상

도표 8. 미중 간의 관세 전쟁

중국의 보복 조치는 미국의 관세 조치보다 훨씬 더 약하게 이루어지고 있다.　　　bn= 10억

미국이 중국에서 수입

Tariffs aireadyapplied in 2018	Tariffs that took effect on 24 Sept 2018	Threatened additional tariffs
$53bn	$200bn	$267bn

$506bn

2017 total import of goods (most recent annual figure)

중국이 미국에서 수입

Tariffs aiready
applied
in 2018

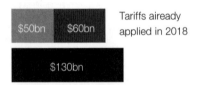

$50bn	$60bn	Tariffs aireadyapplied in 2018

$130bn

2017 total import of goods (most recent annual figure)

자료: US Census Bureau, BBC research
출처: "A quick guide to the US-China trade war", BBC News, 2019.1.7., HYPERLINK "https//www.bbc.com/news/business-45899310"https://www.bbc.com/news/business-45899310

통용되지 않고 있다는 지적이 한국 외교가에서 대두되고 있다. 문제는 한국
은 미중 모두와 잘 지내고 싶은데 미중은 한국이 자신의 편에 서기를 원한다
는 것이다. 한국은 미중 간 힘의 경쟁에서 지속적인 선택을 강요받게 될 것이
다. 이런 상황에서 (1)한국은 계속 선택을 거부할 수 있을까? 한국은 선택을

하지 않고도 강대국의 '줄 세우기' 강요를 거부할 수 있는 외교 맷집을 지녔는가의 여부 (2)한쪽을 선택했을 경우의 리스크 (3)선택을 미루다가 자발적으로 할 경우의 리스크 (4)선택을 미루다가 타의에 의해 선택을 강요당하는 경우의 리스크 등 각각의 시나리오와 그에 따른 '기회비용'을 냉정히 점검해 볼 필요가 있다.

시진핑 중국의
강대국 야망 사이즈

중국 19차 당 대회가
미중 관계에 끼치는 영향

2017년 10월 제19차 중국공산당 전국대표회의가 막을 내렸고 중국은 '시진핑 사상'을 선포했다. 이는 '시진핑 신시대 중국 특색의 사회주의 사상'을 줄인 말이다. 여기서 '중국 특색의 사회주의中国特色社会主义'는 시진핑의 말이 아니다. 이미 덩샤오핑鄧小平이 1982년 12차 당 대회 업무 보고에서 제시한 사항이다. 시진핑은 본인의 이름이니 여기서 결국 새롭다 할 만한 부분은 '신시대'라는 문구이다.

그런데 이것이 핵심이다. 과연 무엇이 '새로운新' 것일까? 이는 시진핑 제 2체제가 '새롭게' 시작된다는 것 이상의 함의를 가지고 있다. 즉 세상이 바뀌고 있다는 것이다. 미국의 세기가 저물고 있다는 의미를 내포하고 있기도 하다. 더불어 중국의 시대가 오고 있다는 사실을 천명한 것이다. 중화 민족의 위대한 부흥이 마침내 도래하고 있다는 것이기도 하다.

1949년 중화인민공화국 성립 후 초기 30년은 마오쩌둥의 전체주의 사회였다. 마오 이후의 30년은 덩샤오핑의 '개혁 개방'의 30년이었다. 다른 지도자들이 있었지만 건국 이후 중국 역사 질곡의 노정은 실로 이 두 거인의 어깨 위에서 만들어진 것과 다름없다. 덩샤오핑은 '문화혁명'을 막 벗어난 약한 중국이 국제 사회에서 몸을 낮추어야 한다고 하면서 '도광양회韜光養晦'를 주문했다. 자신의 야심을 밖으로 드러내지 않고 인내하면서 기다려야 한다는 충고였다. 특히 미국과는 절대 충돌하지 말아야 한다고 했다.

그런데 시진핑의 '신시대'는 '도광양회'의 공식적인 파기이다. 이는 중국이 선택한 사회주의 노선에 대한 자신감의 표출이다. 관영 〈신화통신新華通訊〉은 '끝없는 정치 투쟁과 분규, 정책 변경이 현재의 자유민주주의 제도의 모습'이라며 '서방 국가는 노화하고 있는 민주 체제를 철저히 반성해야 한다'는 내용의 논평을 내보냈다. 이것은 서방 민주주의, 서방 발전 모델의 배척 선언문이다. 더불어 사회주의 노선을 견지한 중국공산당의 역사적 선택이 역시 옳았다는 자신감의 반영이다. 중국은 과거 중화주의 질서의 회복을 시도하고 있다. 슬로건에 '시진핑' 세 글자가 들어간 것은 그러한 위대한 사명을 완수할 사람의 이름을 명시하고자 함이다.

아이러니하게도 미국 대통령 도널드 트럼프는 이에 지대한 공헌을 하였다. 트럼프 행정부에 들어서 미국은 국제 사회의 전통적 리더십 역할을 방기하는 경향이 더욱 뚜렷해지고 있다. 기존의 미국 대통령과 달리, 국정 경험이 전혀 없고 변칙적이며 예측할 수 없는 트럼프로 인해 미국의 국제 위상이 급속히 추락하고 있기도 하다. 트럼프는 또한 미국이 제2차 세계대전 이후 구축해놓은 최고의 안보 자산인 동맹 네트워크를 자진해서 와해시키고 있다.

미국과 경쟁 관계에 있는 중국에게 이는 자연스러운 호재가 되고 있다. 또한 이것이 '브렉시트Brexit'와 같은 역외 변화와 맞물리면서 국제 질서 전체의 체스판이 리셋되고 있다. 분명히 이러한 현상은 중국에게 기회이다. 중국이 국제 질서의 '새 판'을 짤 수 있는 역사적 모멘텀momentum의 순간이 온 것이라는 인식이다.

이 모든 것의 한가운데에 시진핑이란 인물이 있다는 것이다. 그는 '중화민족의 위대한 부흥'인 중국몽을 이룰 사명이 자신의 어깨 위에 놓여 있다고 믿고 있다. 그의 지도하에 중국은 '겸손한' 중국에서 '자신감이 넘치는' 중국으로, '평화롭게 부상하는' 중국에서 '강한 군대强軍'의 중국으로, 더 나아가 '싸우면 이기는能打胜仗' 군대를 공개적으로 표방하는 국가가 되었다.

"어떤 나라도 중국이 자신의 이익에 손해를 끼치는 쓴 열매를 삼킬 것이라는 헛된 꿈을 버려야 한다"는 시 주석의 경고는 외교적 발언으로 치부해서는 안 될 것이다. 앞으로 미중 무역전쟁, 군비 경쟁, 남중국해 갈등, 대만 문제, 중•일 간의 댜오위다오센카쿠열도 문제 등에서 중국이 쉽게 물러서지 않을 것이란 것을 의미한다.

미중 관계 측면에서 볼 때 시진핑의 국정 슬로건은 트럼프의 것과 비슷

하다. '미국을 다시 위대하게^{Make America Great Again}'라는 슬로건을 걸고 미국 대통령으로 당선된 트럼프와 '중화 민족의 위대한 부흥'이라는 기치를 든 시진핑의 조합은 분명 '강 대 강' 국면이다. 시진핑은 당 대회 업무 보고에서 '타국의 이익을 희생해 발전하지는 않겠지만 동시에 우리의 정당한 권리도 포기하지 않을 것'이라고 천명했다. 시 주석이 1기 집권 때 '신형대국관계'의 근간으로 제시했던 '핵심 이익'을 재차 강조한 것이다. 중국공산당 문건에 의하면 '핵심 이익'이란 중국이 지정한 세 가지 이익^{핵심 이익, 중요 이익, 일반 이익} 중에서 가장 상층에 있는 이익이며, '국가의 생존^{国家的生存}'이 달려 있기에 '타협의 여지가 없는^{不容妥协}' 이익이라고 설명하고 있다. 이는 분명 미중 간의 패권 다툼이 더욱 첨예화할 것임을 예고하는 대목이다.

시진핑 집권 2기의 외교 분야 키워드인 '신형 국제관계' 선언은 주목할 만한 부분이다. 왕이^{王毅} 중국 외교부장은 신형 국제관계를 '상호 존중', '공평 정의', '합작 공영'으로 규정하면서 "이 세 가지 키워드는 약육강식의 법칙을 버리고 모든 국가를 평등하게 대하는 중국 외교의 전통에서 만들어졌다"고 설명했다.

분석가들이 주목하는 점은 이러한 '외교적 수사^{修司}'가 아니라 실제 이것이 어떻게 실행되느냐일 것이다. 중국이 한국에 사드 보복을 한 것만 봐도 이것이 과연 중국이 한국을 '약육강식의 법칙을 버리고 평등하게 대한 것'이라고 생각할 수 있는 사람은 많지 않을 것이다. 오히려 반대로 '강한 국가^{強國}', '강한 군대^{強軍}'를 공개적으로 표방하고 '핵심 이익'에 대해서는 절대 양보하지 않겠다고 자신감 있게 선포한 중국은 앞으로 더욱 힘에 기반한 '공세적 외교'를 펼칠 가능성이 높다.

이번 시진핑 2기 체제에서 중국 외교의 사령탑인 양제츠楊潔篪 국무위원이 정치국원으로 발탁된 점도 눈여겨볼 만한 대목이다. 중국에서 가장 강력한 권력을 가진 25명으로 구성되는 권력 상층부인 정치국에 직업 외교관이 진입한 것은 첸치천錢其琛 이후 14년 만이다. 이는 중국이 앞으로 국제 관계에서 외교적 해결에 더욱 노력하겠다는 의미만은 아닐 것이다. 시진핑이 추구하는 강하고 공세적인 대외 관계에 외교가 도구로 들어간다는 의미이다.

시진핑이 추구하는 꿈은 공산당이 설정한 중국 인민 '모두가 풍요로운 선진국共同 富裕'을 2050년까지 실현한다는 것인데, 이는 그때까지 미국을 군사·경제적으로 능가하는 사회주의 대국을 건설하겠다는 바이다. '강국 DNA'가 본격적으로 표출되면서 중국은 기존처럼 미국과의 경쟁을 피하기보다 일종의 '성장통'으로 보고 향후 적극적으로 자국 이익을 확보해 나가는 공세적 외교를 펼칠 것이라 예상된다. 한국 등 아시아 역내 국가들은 이러한 상황에서 자기 국가의 이익을 어떻게 지켜야 하는가를 심각하게 고민해야 할 것이다.

시진핑의 변증법적 사관으로 본
미중 무역전쟁

2018년 12월 미중 무역전쟁이 극적으로 '90일 휴전'에 들어간 후 화웨이 창업자의 딸인 멍완저우 부회장이 미국 정부의 요구로 캐나다에서 전격 체포돼 큰 파문이 이어지는 가운데 시진핑은 2018년 12월 13일 공산당정치국회의를 소집했다. 그리고 그 자리에서 '변증법'을 언급했다. 그는 다음과 같이 말했다. "변증법의 각도에서 국제 환경의 변화를 보고, 의기의식을 강화하고, 국가 발전의 중요한 전략적 기회 기간을 계속해서 잘 이용하고, '전략적 정력戰略定力'을 유지해야 한다."[13]

중국 언론은 시진핑의 행보에 대해 다음과 같은 타이틀을 붙였다. '오늘 정치국회의, 변증법적으로 국제환경 볼 것 강조今天政治局会议，强调要辩证看待国

际环境'

현재 중국이 직면한 가장 위급한 국제 환경은 미중 무역전쟁이다. 그 국제 환경을 시진핑은 변증법적으로 풀어야 한다고 천명한 것이다. 변증법은 그가 세계를 바라보는 사상의 출발점이다. 이를 간파한 사람은 호주 총리를 역임했던 '중국 통' 케빈 러드^{Kevin Rudd}이다. 중국어가 유창하며, 베이징에서 외교관 생활을 했을 뿐만 아니라 시진핑을 개인적으로 아는 그는 변증법이 시진핑을 이해하는 매우 중요한 프레임이라고 봤다. 이는 놀라운 통찰력이다.

시진핑의 변증법에 대한 사랑은 깊다. 변증법은 그의 집권 초기부터 중요 발언에 등장했다. 2012년 11월 제18차 당 대회에서 공산당 총서기로 선출된 시진핑은 집권 이후 처음으로 개최한 그해 12월 31일 공산당 '정치국 집단학습政治局集体學習'에서 '덩샤오핑 이래의 점진적 개혁 방식과 종합적 상위 비전에서 출발하는 하향식 개혁이 변증법적으로 통합되어야 한다'라고 강조했다.

2015년 1월 제20차 공산당 중앙정치국 집체학습에서는 '마르크스주의 철학의 지혜를 지속적으로 흡수하고 변증법적 유물론의 세계관과 방법론을 더욱 잘 견지하고 더욱 잘 운영해야 한다'고 말했다. 2017년 10월 제19차 당 대회 개막연설에서는 유달리 '새로운新'이라는 표현을 강조했는데 이 역시 이념 및 정책노선의 지속과 변용을 강조한 변증법적 수사이다.

시진핑의 '변증법 사랑'은 2018년 5월 '칼 마르크스 탄생 200주년 대회'에서 최고조에 달했다. 그는 중국공산당의 '역사와 중국 인민이 마르크스주의를 선택한 것이 백 번 옳았다!历史和人民选择马克思主义是完全正确的' [14]고 선포했다.

변증법은 정반합의 체계로 이루어진 것으로, 시진핑이 이해하는 변증법은 미중 경쟁의 맥락에서 볼 때 '정^{중국이 추구하는 길}', '반^{미국의 저지}', 그리고 '합^{미국을 극복한 중국}'인 듯하다. 이것이 바로 중국적 정치 현실에서 시진핑이 변증법을 이해하며 자주 인용하는 맥락이다. 역사학자 아놀드 토인비^{Arnold Toynbee} 식으로 보자면, '도전'이 '응전'을 맞아 새로운 '융합'이 이루어지는 것인데, 도전과 응전을 통해 살아남은 민족이 '번성^합'을 하는 것이다.

작금의 미중 무역전쟁은 중국이 미국의 요구사항을 받아들이면 끝난다. 그런 점에서 중국의 태도가 가장 중요할 것이다. 미국이 중국에 대해 시작한 무역전쟁이라는 '도전'에 대해 중국이 어떻게 '응전'하느냐는 것이다. 시진핑이라면 이 역시 변증법적 시각에서 고민할 가능성이 크다.

2018년 6월 중국 '중앙외사공작회의^{中央外事工作会议}'에서 시진핑은 '현재 중국은 근대 이후 가장 좋은 발전 시기를 맞고 있다^{当前，我国处于近代以来最好的 发展时期}'라고 진단하며 '전략적 자신감을 견지하라^{坚持战略自信}'고 주문했다.[15] 미중 무역전쟁 중이지만 이것을 자신감 있게 대하라는 뜻이다. 중국국제경제 교류중심 왕쥔^{王军} 연구원은 '공산당 지도부 차원에서 현재 중국이 중요한 발전을 이룰 수 있는 전략적 기회 기간이라는 판단이 '변하지 않은 것^{没有改变}''이라고 했다. ^{신화망, 2018.12.13}[16] 중국이 굴기 하는 황금기를 맞이하고 있다는 것이다.

시진핑은 또한 같은 날 베이징 중난하이^{中南海}에서 가진 당 외 인사들과의 좌담회에서도 참석자들에게 중국공산당이 결정한 경제 정책 방향으로 뭉

처야 한다면서 '확고히 고난을 극복하고, 도전에 대응한다는 의지와 결심을 가지라'고 당부했다.인민일보, 2018.12.14[17] 여기서 도전은 당연히 미국이다.

이러한 발언들을 살펴보면 그는 미중 무역전쟁을 피하기보다 오히려 이 도전을 받아들이고 이 기회를 통해 중국이 더 강해지는 기회로 삼자고 독려하는 듯하다. 미국이라는 '도전'에 구애 받지 말고 오히려 극복으로 승화해 중국은 스스로 정한 목적중화 민족의 위대한 부흥의 길을 향해 가야 할 길을 가야 한다는 것이다.

다시 한 번 정리해보자면 변증법은 정반합의 체계로 이루어진 것으로써 '정'의 긍정성이 '반'의 부정성을 거쳐 '합'이라는 종합성에 이르는 데 있다. 그러나 진정한 '합'이 이루어지기 위해서는 '반'의 부정적 역할이 충분히 이루어져야 한다.[18] 현 미중 갈등 상황에 대해 마치 미국의 반대와 저지를 흔쾌히 감내할 성장의 고통으로 보라는 주문처럼 들리기도 하다.

변증법은 시진핑 군사 사상의 근간이 되기도 한다. 중국 관영 〈신화통신〉은 '시진핑의 군사 사상은 인류의 전쟁과 평화의 변증관계를 깊이 파악했다. 싸움에 능해야만 전쟁을 막을 수 있고, 전쟁 태세를 갖추어야만 싸움이 일어나지 않으며, 싸움을 못하게 되면 얻어맞을 수밖에 없다'라고 말한 시진핑의 발언을 소개했다. 그러면서 이것이 시진핑의 '평화에 대한 갈망과 추구를 체현'[19]한 것이라 설명했다.

변증법에서 보면 위기는 결국 기회이다. 그리고 그것은 '합'으로 이어지는 필연적인 역사 발전의 과정이다. 미중 무역전쟁을 막으려면 중국은 어떤 태세를 갖추어야 할까? 시진핑은 '싸움에 능해야만 전쟁을 막을 수 있고, 전쟁 태세를 갖추어야만 싸움이 일어나지 않는다'고 주장했다. 미중 무역전쟁에 대해 시진핑이 '변증법적 해결책'을 내놓는다면 그가 쉽게 양보하지 않으리라는 것을 뜻한다. 그것은 또한 미중 무역전쟁의 본질이 미래 패권 경쟁이라는 해석을 가능케 하고, 이 '정-반-합'의 과정은 장기적인 과정이 될 수 있음을 시사한다.

장기전을 준비하는
중국

미중 무역전쟁이 '90일 휴전'에 상태지만 중국은 한편으로 '타결'을 모색하면서도 내부적으로 장기전에도 대비하고 있다. 유비무환 차원일 수도 있지만 그만큼 사안을 심각하게 본다는 뜻이다. 최근 몇 달간 중국 정부 관계자와 관방연구소 그리고 중국 언론인 단체들이 미국을 줄줄이 방문해 미국 정치인들, 의회 관계자, 싱크탱크, 언론인들을 면담했고 미중 갈등의 골이 심상치 않음을 인지했다.

중국은 차츰 미국의 중국에 대한 감정이 '불만'이기보다 '분노'이고, 종합 국력에서 중국이 바짝 추격하고 있다는 '불안'에 가까우며, 심지어 이데올로기적인 면도 있다는 사실을 새삼 깨닫기 시작했다. 시진핑 국가주석이 개헌을 통해 장기집권의 길을 마련하자 미국 일각에서는 중국이 이제 '독재국가의 길'에 들어섰다고 본다는 점도 알았다. 미국의 어느 중국 관련 팟캐스트는 심지어 '이제 미국이 중국을 북한 보듯 한다'는 농담도 던졌다.

중국은 처음 미중 무역 갈등이 불거졌을 때만 해도 양국이 지금까지 많이 겪어왔던 일상적인 티격태격인 줄로만 알았다. 미국 국내 정치용이라고 생각했고, 트럼프가 중간선거를 위해 이용하는 수단인 줄로만 알았던 것이다. 또한 과거처럼 특사를 파견해 미국의 불편한 심기를 잠재울 수 있을 줄 알았다.[20] 그런데 이러한 과거의 방식이 통하지 않기 시작했다는 것을 발견했다.

심지어 중국이 특사로 보내려던 시진핑의 측근 류허劉鶴 중국 국무원 부총리의 워싱턴 방문이 며칠 앞두고 전격 취소되는 상황도 발생했다. 그의 방문을 뻔히 알면서 미국은 오히려 2018년 9월 24일 2,000억 달러약 223조 원 규모의 중국산 수입품에 새로운 추가 관세를 매기기 시작했기 때문이다. 이날 관세 발효로 미국의 관세 부과 대상은 중국산 수입 규모 5,055억 달러의 절반인 2500억 달러로 확대됐다.[21]

전반적으로 볼 때 당시 중국은 미국이 이렇게까지 '강공'으로 나오리라 예상치 못한 듯하다. 2018년 12월 14일 중국공산당 기관지 〈인민일보〉의 자매지인 〈환구시보环球时报〉는 중국이 야심차게 추진하는 '중국제조 2025'를 예로 들며 미국의 반응은 '중국의 예상을 벗어난 것'이라고 다분히 고백적인 사설[22]을 실었다.

중국 내에서는 최근 미중 갈등 장기화에 대비한 브레인스토밍brainstorming

도표 9. 중국 정부가 겨냥하는 106개의 미국 제품
Value of Exports to China, 2017

오일시드, 차량, 플라스틱 등의 품목은 중국의 보복 조치로 인해 영향을 받고 있다.

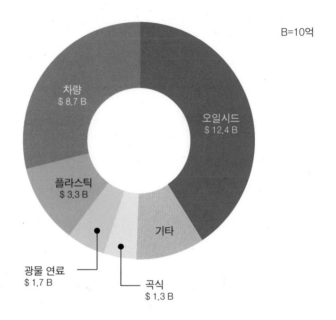

B=10억

차량
$ 8.7 B

오일시드
$ 12.4 B

플라스틱
$ 3.3 B

기타

광물 연료
$ 1.7 B

곡식
$ 1.3 B

자료: Ministry of Commerce of China
출처: Avi Salzman and Evie Liu, "The Brewing U.S.-China Trade War, Explained in Charts", Barron's, 2018.4.9.

모임이 잦아졌다. 관심을 가질 부분은 바로 이것이다. 최근 실사단의 일원으로 미국을 다녀온 중국 인사의 설명을 소개해 보고자 한다. 그에 의하면 현재 미국에는 중국을 바라보는 세 가지 시각이 존재한다.

첫째, 미국의 보수층과 군부를 중심으로 한 강경파이다. 중국 실사단이 이번에 감지한 사실은 미국의 대중 강경파 입장이 매우 완고하다는 점이다. 이들은 중국이 미국 다음의 세계 2위라는 이유만으로도 미국에 위협이 된다

표 4. 미국의 압박과 중국의 반격

미국의 중국 압박	중국의 반격
휴대폰·가전·통신장비 등 중국산 수입품에 관세 부과	1월 미국 국채 100억 달러어치 처분
중국산 철강(25%)·알루미늄(10%) 관세 부과	중국 정부, 미국산 콩·수수·돼지고기 보복 관세 경고
EU에 "반중국 정책 협조 시 철강 관세 면제" 제안	중국 정부 "미 관세 조치 WTO 제소" 경고
화교 자본 투입 싱가포르계 브로드컴의 미국 퀄컴 인수 반대	중국 관영 매체 "미 보잉사 항공기 구매 연기 가능"

출처: 김덕한·김승범, "한국, 美中 무역전쟁 사이 '위험한 시험대'", 조선일보, 2018.3.23., HYPERLINK "http://biz.chosun.com/site/data/html_dir/2018/03/23/2018032300340.html"http://biz.chosun.com/site/data/html_dir/2018/03/23/2018032300340.html

고 본다. 설득하거나 회유할 공간을 발견하지 못한 것이다. 노력을 해도 통하지 않겠구나 하는 판단이 섰던 것이다. 그만큼 미국의 중국에 대한 분노의 골이 깊구나 하고 느낀 것이다. 그리고 이러한 매파들이 특히 트럼프 주위에 포진하고 있다고 중국은 본다.

둘째, 민주당의 전통적인 대 중국 정서를 대표하는 자유파이다. 이름답게 이들이 가장 중시하는 것은 중국의 민주와 인권 등 미국 민주당이 전통적으로 중시하는 가치들이다. 이들은 중국이 경제적, 군사적으로 세계 2위로 올라선 것은 용인할 수 있다. 하지만 중국에 대해서 도저히 용서하지 못하는 것이 한 가지가 있다. 그것은 바로 중국의 경제가 이렇게 커졌고 그 자체로 중요한 국가로 부상했음에도 여전히 민주국가가 아니라는 점이다. 그것도 과거 민주당 집권 시절인 빌 클린턴 정부가 중국에게 무역 최혜국대우를 주고, 나중에

는 중국의 WTO 가입 등 중국의 경제 부상을 견인하는 데 큰 기여를 했음에
도 여전히 오늘날 중국이 민주주의 국가가 아닌 것을 못 참겠다는 것이다. 이
들의 중국에 대한 감정은 실망과 분노이다.

셋째, 월스트리트와 실리콘밸리로 대표되는 미국의 자본파이다. 미국에
서 가장 실용적이라고 중국이 판단하는 그룹이다. 이들은 중국이 불공정한
무역 게임을 한다는 사실을 잘 안다. 그럼에도 불구하고 주판알을 튕겨보니
전체적으로는 여전히 중국과 비즈니스하는 것이^{아예 안하는 것보다} 수지가 맞다
는 결론에 이른다. 그러기에 미국의 자본파는 중국과 이익 결탁을 하여 그 생
산물인 경제적 이익을 공유할 의향이 있다. 그들은 향후 미중 관계가 더 악화
되더라도 중국을 저버리지 못할 것이라고 중국이 판단하는 그룹이다.

대표적인 행보가 바로 2018년 6월 미국 전기차 회사 테슬라^{Tesla}가 연간
50만 대 생산 능력을 갖춘 공장을 미국이 아닌 중국 상하이에 짓기로 했다고
발표한 것이다. 테슬라는 중국산 제품에 대한 미국의 고율 관세 부과 직후 중
국이 미국산 자동차에 최고 40%의 보복관세를 매기기로 한 것에 주목했다.
그렇게 되면 테슬라의 중국 시장 접근이 어려워진다. 그래서 아예 공장을 중
국에 짓기로 한 것이다. 테슬라의 '비애국적' 행위에 대한 시장의 반응은 흥
미로웠다. 이날 뉴욕 증시에서 테슬라 주가는 장중 2.9%나 상승했다.[23] 시장
은 애국심이 아니라 이익을 좇아간다.

아이러니한 점은 일론 머스크^{Elon Musk} 테슬라 최고경영자^{CEO}가 본래 트
럼프 미국 대통령과 함께 중국의 관세 등 시장 진입 장벽을 비판했던 사람이

도표 10. 미중 경쟁과 디지털 경제

중국의 디지털 경제가 최근 10년간 급격하게 성장하였다. 전자상거래를 통한 중국의 거래 규모는 2005년 세계 시장 전체 0.6%에서 42.4%로 급상승한 반면에 미국의 거래 규모는 34.9%에서 24.1%로 줄었다. 중국의 휴대폰 결제는 이미 미국의 휴대폰 결제보다 11배 더 큰 규모로 성장하였다. 글로벌 유니콘 기업, 즉 '시가총액이 10억 달러 이상인 스타트업 기업'은 여전히 미국이 주도하고 있지만 중국이 그 뒤를 추격해오고 있다.

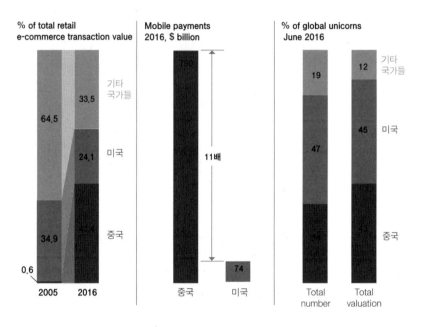

자료: McKinsey Global Institute, 2018.7.17., HYPERLINK "https://b4w.pt/news/42-do-ecommerce-global-esta-acontecendo-na-china-aqui-esta-o-porque/"https://b4w.pt/news/42-do-ecommerce-global-esta-acontecendo-na-china-aqui-esta-o-porque/

었다는 것이다. 미중 무역전쟁이 격화되는 조짐을 보이자 그가 고무신을 거꾸로 신은 것이다. 중국은 최근 3년 연속 세계 최대 전기차 시장으로, 테슬라 전기차 전체 판매량의 15%[1만7,000대]를 차지했다. 테슬라로서는 미중 무역전쟁 때문에 중국 시장을 포기할 수는 없다고 판단했을 것이다. 구체적인 투자 액수는 공개되지 않았지만 중국 언론에 의하면 상하이 제조업 분야 사상 최대 규모의 외자 프로젝트가 될 것이라 한다. 이것이 바로 자본이다. 자본은 국경과 이데올로기를 초월해 이익을 좇아 움직인다.

중국은 실리콘밸리도 중국 시장을 포기하지 못할 것이라 내다보고 있다. 최근 중국의 대표적인 통신장비 업체 화웨이의 2인자인 멍완저우 부회장^{CFO}이 대 이란 제재 위반 혐의로 전격적으로 체포된 사건이 발생했다. 이는 사실 미국 정부가 인공지능 등 4차 산업혁명의 신경망이라 불리는 5G^{5세대} 통신 산업 경쟁에서 중국의 추격을 막고자 하는 노력이라는 해석이 나왔다. 4차 산업혁명에서 가장 중요한 요소 중 하나가 바로 '빅 데이터'인데 이는 결국 인구에 비례한다. 인구가 많을수록 빅 데이터를 많이 가지게 된다. 그렇다면 결국 세계에서 빅 데이터를 가장 많이 보유한 국가가 중국이라는 점을 쉽게 알 수 있다. 중국은 또한 빅 데이터 사용에 있어 미국처럼 개인 프라이버시 법률이 엄격하지 않다는 점도 다국적 기업들에게는 매력적이다.

중국은 앞에서 말한 세 그룹 중에서 여전히 중국과 같이 일할 수 있는 그룹이 누구인지 그리고 같이 일할 수 없는 그룹이 누구인지를 세세하게 연구했다. 회유가 가능하고 회유가 불가능한 그룹을 분류한 것이다. 일단 첫째 그룹인 '매파'와 둘째 그룹인 '자유파'는 둘 다 '안티 중국'$^{anti-China}$ 계열이니 제외한다. 그러므로 가장 '친 중국' 성향을 가진 세 번째 그룹인 '자본파'와 연계한다는 결론에 이를 수밖에 없다. 그러면서 중국은 구체적으로 미중 무역전쟁을 위시한 미중 갈등이 중장기화 될 것에 대비한 대응 방안을 브레인스토밍하고 있다.

그중 소위 '미국을 제외한 글로벌화非美全球化, globalization without America' 전략이 대표적이다. 말 그대로 미국을 빼고 글로벌화를 계속하겠다는 것이다. 이는 고립주의를 고수하겠다는 의미가 아니다. 〈환구시보〉는 2018년 12월 14일 '무엇이 이익인가에 따라 중국의 산업 정책이 추진되어야 한다'라는 제목의 사설에서 중국의 글로벌화 산업 정책은 계속되어야 한다고 주장했다. 그것이 중국에게 이익이 되기 때문이라는 논지이다. '개혁 개방은 중국의 유일한 길이다. 지난 40년간 우리는 끊임없이 성공을 거두었다. … 이후에도 마찬가지일 것이다改革开放是中国唯一的路，过去40年我们不断获得成功... 今后也会是一样.'24

미국이 중국을 글로벌 산업 밸류 체인GVC에서 제외하려고 하니 중국의 반응은 '좋다. 그렇다면 '미국을 제외한 나머지'와 비즈니스를 하겠다'고 나선 격이다. 그뿐만이 아니라 '미국을 제외한 나머지'와 현재보다 네트워킹을 더욱 강화하겠다는 뜻이기도 하다.

더불어 이는 '미국을 제외한 나머지'를 중국의 '아군'으로 만들겠다는 것이다. 중국은 이를 세 가지 지역별로 나눈다. 한중일 3국, 동남아, 그리고 유럽이다. 중국은 이렇게 세계를 세 개의 '전선戰線'으로 나누어 이 지역 국가들과 협력을 강화하려 할 것이다.

아닌 게 아니라 2018년 중국의 외교를 보면 '주변국 외교周边外交'에 크게 성공한 한 해였다. 미국만 빼고 말이다. 한중 관계는 '사드 파동' 이후 회복 노정에 있고, 오랜 앙숙이던 일본과는 아베 총리가 베이징을 방문하여 시진핑과 정상회담을 가지면서 좋아졌다. 한중일 3국 차원에서는 2018년 5월 일본에서 한중일정상회의가 열렸다. 국경 분쟁을 빚었던 인도와는 4월 중국 우한에서 정상회담을 가졌고 인도 총리는 다시 6월 칭다오에서 열린 상하이협력기구SCO, Shanghai Cooperation Organization 모임에 참석차 중국을 방문했다.

영토 분쟁을 빚었던 필리핀과는 남중국해 자원 공동 개발에 합의했고, 러시아와는 9월 러·중 대규모 합동 훈련을 통해 미국을 겨냥한 공조 자세를 취했으며, 인도네시아와는 33조 원 규모의 통화 스와프를 체결했다. 실로 미국을 빼놓고 2018년 중국 외교는 매우 성공을 거둔 한 해라고 중국 내부에서도 평가가 나오고 있다.

미국과 중장기적인 경쟁 구도로 들어감에 따라 결국 중국은 미국을 제외한 나머지 국가들과 연합전선을 편다는 것이다. 그런데 과연 이것이 가능할까?

중국 측은 해볼 만하다고 보는 것 같다. 우선 동아시아에서 중국의 오랜 숙적인 일본과의 관계 개선 상황을 살펴보자. 2018년 11월 상하이에서 열린 중국 최초의 수입 박람회에서 가장 큰 전시회 참가국은 바로 일본이었다. 미중 무역전쟁으로 미국 기업들이 참가하지 않자 그 빈자리를 바로 일본 기업들이 채운 것이다. 소니와 파나소닉 등 가전제품 왕국인 일본은 오랫동안 중국의 가전 시장에 눈독을 들여왔다. 일본 산 전기밥솥을 비롯해 심지어 변기 뚜껑까지 중국인들의 일본 가전 제품에 대한 선호는 양국 정치와 상관없이 확실하다. 미국과 무역전쟁이 심화되면 중국 정부가 일본 가전제품의 중국 시장 진입을 용이하게 해줄 것이라는 관측이 나오고 있다.

중국은 한국과 일본 둘 다 미국처럼 이데올로기가 강한 국가가 아니라고 생각한다. 경제 인센티브를 통해 어느 정도 중국 쪽으로 견인할 수 있거나 미국의 대 중국 봉쇄에 공조하지는 않을 것이라 생각한다^{하지만 이는 다분히 중국적} 인 생각일 수도 있다.

중국의 '미국을 뺀 세계화' 전략이 과연 성공할까? 단기적으로는 고생하겠지만 중장기적으로는 성공할 수 있다고 중국은 본다. 시간이 중국편이라는 것이다. 한 5년 동안은 중국이 조금 힘들겠지만 중국은 살아남을 수 있을 뿐만 아니라 더욱 강해질 수 있다고 믿는다. 오히려 중국은 세계 1위 경제체인 미국과 무역을 하지 않고도 '살아 남았으니' 앞으로 더욱 빨리 미국과 대등한 실력을 갖출 수 있다고 보는 것이다. 미국과의 경쟁을 피할 것이 아니라 중국의 부상에 필요한 '성장의 고통'으로 삼는다는 것이다.

중국에게도 치명적인 아킬레스건이 있다. 미국에 비해 아직까지는 절대적으로 열세인 군사력이다. 그래서 중국은 미국과 전면적 군사적 충돌은 피하고 싶어 한다. 센카쿠열도, 남중국해, 대만 문제를 둘러싸고 미국과 군사적 긴장은 종종 조성될 수 있겠지만 그렇다고 사태가 전면적으로 번지는 것을 중국이 피하려고 할 것이다. 즉 미중이 군사 충돌로 가지 않는 한 미중 관계의 새로운 균형점을 모색하는 과정은 단기적 과제가 아닐 것이다. 금방 끝날 사안으로 치부해서는 안 된다는 뜻이다.

화웨이의 멍완저우 부회장이 미국 정부의 요구로 캐나다에서 전격 체포돼 큰 파문이 이어지는 가운데 시진핑은 2018년 12월 13일 공산당정치국회

도표 11. 1~3차 무역 보복 현황

3차 관세 부과에서 미국은 2019년 1월 1일부터 25% 예고

단위: 달러

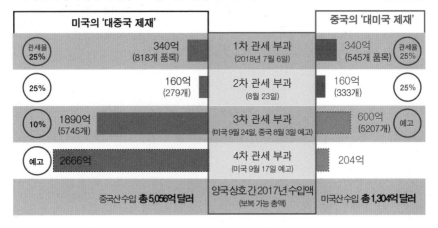

미국의 '대중국 제재'	1차 관세 부과 (2018년 7월 6일)	중국의 '대미국 제재'
관세율 25% · 340억 (818개 품목)	1차 관세 부과 (2018년 7월 6일)	340억 (545개 품목) · 관세율 25%
25% · 160억 (279개)	2차 관세 부과 (8월 23일)	160억 (333개) · 25%
10% · 1890억 (5745개)	3차 관세 부과 (미국 9월 24일, 중국 8월 3일 예고)	600억 (5207개) · 예고
예고 · 2666억	4차 관세 부과 (미국 9월 17일 예고)	204억
중국산수입 총 5,056억 달러	양국 상호간 2017년 수입액 (보복 가능 총액)	미국산수입 총 1,304억 달러

도표 12. 한국 '대미·대중' 수출 의존도(2017년)

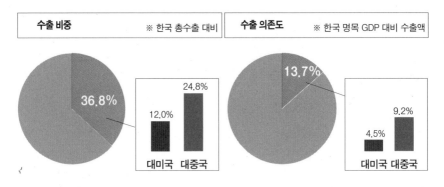

수출 비중 ※ 한국 총수출 대비   36.8%   12.0% 대미국   24.8% 대중국

수출 의존도 ※ 한국 명목 GDP 대비 수출액   13.7%   4.5% 대미국   9.2% 대중국

자료: IMF, 한국무역협회
출처: 조계완, "앞으로 수십년 갈 '미-중 무역충돌'…한국에 재앙? 기회?", 한겨레, 2018.10.8.

의를 소집했다. 그는 다음과 같이 말했다. "위기의식을 강화하고, 국가 발전

의 중요한 전략적 기회를 계속해서 잘 이용하며, 신심을 가지고 주동적으로

흔들림 없이 할 일을 하고, 전략적 정력을 유지해야 한다."[25] 미중 간 국제 세

표 5. 미국과 중국의 공방

미국의 노림수	중국의 대응
단기적 목적 ·미 무역 적자의 66% 달하는 대 중국 무역 적자 해소와 지적 재산권 보호 ·11월 중간선거 앞두고 '중국 위협론' 전파해 지지층 결집 **본질적 목적** ·미래 패권 핵심인 표준 경쟁에서 중국의 추격 저지 ·기술 초격차 유지하면서 중국 부상 관리	순응: 무역 불균형 개선 위해 미국에 대규모 구매 사절단 보내고 미국산 수입 확대 적응: 증권·금융시장 개방, 관세 인하, 외국인 투자 제한 조치 완화 대응: '중국제조 2025' 전략은 양보할 수 없는 핵심 이익인 만큼 양보 불가. 강대강 대응

표 6. 한국의 대비

기회	·중국이 국제 규범 지키면 비관세 장벽 낮아지며 시장 확대 ·미 시장서 중국산과 경쟁하는 한국 상품의 경쟁력 높아져
위기	·미·중 무역전쟁 격화로 글로벌 교역 위축 ·중국이 미국산 수입 확대하면 한국산 입지 축소
대비	·한중 FTA 서비스 분야 활용해 부가가치 높은 서비스 협력망 구축 ·기술 금융 등 산업생태계 재구축해야

출처: 이희옥, "[이희옥의 퍼스펙티브] 미·중 기술 냉전, 제조업 강화만으론 위기 돌파 어렵다", 중앙일보, 2018.9.17., HYPERLINK "https//news.joins.com/article/22975686"https://news.joins.com/article/22975686

력화 차원에서 벌어지는 현 무역전쟁의 기간과 파장이 어느 정도 장기화 될 것인가에 대해 함의가 있다고 하겠다.

도표 13. 미중 무역 관세의 한계

중국이 미국에 취한 보복 조치에 비해 미국이 중국에 취한 관세 조치가 훨씬 더 커 보이기도 하지만, 각국의 무역액을 비교해 보면 비율적으로는 오히려 중국의 보복 조치가 더 강경하다는 것을 알 수 있다.

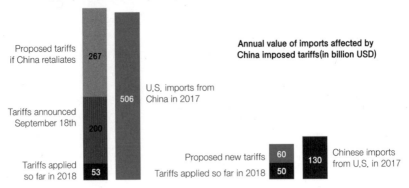

Annual value of imports affected by
U.S. imposed tariffs(in billion USD)

Proposed tariffs
if China retaliates — 267

Annual value of imports affected by
China imposed tariffs(in billion USD)

U.S. imports from
China in 2017 — 506

Tariffs announced
September 18th — 200

Tariffs applied
so far in 2018 — 53

Proposed new tariffs — 60
Tariffs applied so far in 2018 — 50

Chinese imports
from U.S. in 2017 — 130

자료: US Census Bureau, BBC
출처: Martin Armstrong, "U.S.-China Trade Tariffs Are Reaching Their Limit", statista, 2018.9.20.,HY
PERLINK "https://www.statista.com/chart/15521/us-china-trade-tariffs-history/"https://www.statist
a.com/chart/15521/us-china-trade-tariffs-history/

도표 14. 미국 달러 VS 주요 무역 파트너 통화

denotes dollar appreciation

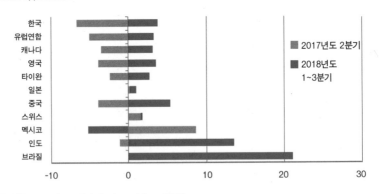

■ 2017년도 2분기
■ 2018년도 1~3분기

한국
유럽연합
캐나다
영국
타이완
일본
중국
스위스
멕시코
인도
브라질

-10   0   10   20   30

자료: FRB | Percent change(relative to end-June 2017)
출처: 오광진, "미국, 中 환율조작국 뺐지만 "중국에 깊은 실망"...집중 관찰 의지", 조선일보, 2018.10.18., H
YPERLINK "http://news.chosun.com/site/data/html_dir/2018/10/18/2018101800998.html"http://news.
chosun.com/site/data/html_dir/2018/10/18/2018101800998.html

미중 갈등과
리더십 부재의 국제 질서

미중 경쟁은 '중국의 부상'이 초래하는 부분도 있지만, 미국 스스로 기존의 리더십을 방기하는 것이 적지 않은 원인이 되고 있다. 특히 트럼프 시대에 미국의 위상이 이와 더불어 실추되고 있는 모습에 주목할 필요가 있다. 2017년 7월 독일 함부르크에서 열린 G20 정상회의는 도널드 트럼프 미 대통령이 파리기후변화협정Paris Climate Change Accord 탈퇴를 선언한 후 가진 첫 다자 간 회의였으며 그에 따라 '실추된' 미국의 위상이 드러난 첫 회의이기도 했다. 미국 언론은 회의 기간 중 바쁘게 정상들과 담화를 나누는 다른 국가 지도자들과는 대조적으로 '혼자' 덩그러니 앉아 있는 트럼프의 사진을 상징적으로 내보냈다.

영국 〈파이낸셜타임스Financial Times〉는 '트럼프가 G20에서 엄청난 일을 해냈다. 그것은 유럽, 중국, 인도, 그리고 세계가 미국에 대항하여 단결하게 만든 것이다'[26]라고 비꼬았다. 미국외교협회CFR, Council on Foreign Relations의 스튜어트 패트릭Stewart Patrick 선임연구원은 "미국은 한때 필수불가결한 국가였으나 지금은 없어도 되는 국가가 되어버렸다"라고 탄식했다.[27] 미국역사학회American Historical Association의 회장을 지낸 이리에 아키라Iriye Akira 하버드대 원로교수는 이미 2009년 중국 칭화대 강연 시 제목을 다음과 같이 잡았다. '짧게 끝난 美 제국the Short-Lived American Empire.' 당시로서는 그 진폭을 가늠할 수 없었던 미국 발 금융 위기가 미국의 국제 위상 변화에 가져올 심각성을 꿰뚫어본 역사학자의 진단이었던 셈이다.

한반도 안팎을 둘러싼 국제 정세도 근래에 유래가 없는 큰 불확실성에 직면해 있다. 이를 해결할 미국의 리더십도 부재한 상태이다. 트럼프의 미국은 '어메리카 퍼스트America First'을 내세우고 기존의 동맹 관계도 홀대하면서 미국이 이전에 구축한 동맹 시스템을 스스로 와해하는 모습을 보이고 있다. 북한의 핵 욕망은 미국과 전쟁 위기 일보 직전까지 왔다. 김정은 국무위원장이 핵 포기 용의가 있다고 했고 미국과 담판 중인데 불확실성은 잔재한다. 북미 관계는 하노이 회담 결렬 이후, 심지어 다시 악화되는 모습도 보이고 있다.

중국은 과거의 중화주의 질서 회복을 시도하고 있다. 일본도 '보통 국가'의 기치를 걸고 군사력 강화를 진행하고 있다. 국제주의가 국가주의로, 자유무역이 보호무역으로 바뀌고 있다. 이러한 역내 변화가 멀리 유럽의 '브렉시

트'와 같은 역외 변화와 맞물리면서 국제 질서 전체의 체스 판이 리셋되고 있다는 느낌은 여느 때보다도 강하게 와 닿는다. 그런데 어디로 가는지 방향이 아직 확실치 않다.

세계는 지금 美 단극 시대에서 中 단극 시대로 가는 것이 아니고, 그렇다고 미국 단극 시대가 왕성하게 유지되는 것도 아닌 시대에 살고 있다. 이러한 혼돈 느낌을 가중하는 것은 이 모든 변화가 무엇을 의미하는가가 불확실하기 때문이다. 결국 미국도 중국도 유일 슈퍼 파워가 아닌 '리더 부재'의 시대로 가고 있다는 것이다. 유라시아그룹의 회장이자 정치학자인 이언 브레머Ian Bremmer는 이를 세계가 'G-제로 시대'로 가고 있다고 진단하였다.

한편 미국이 냉전 종식 후 글로벌 리더십을 양도하고 있고, 또 한편으로 중국이 가까운 장래에 미국을 추월하지 못하는 '글로벌 리더십의 공백' 기간이 이어지고 있다. 트럼프 행정부에 들어서 미국은 국제 사회의 전통적 리더십 역할을 방기하는 경향이 더욱 뚜렷해지고 있다. 그렇다고 해서 '굴기'하는 중국이 미국의 역할을 단번에 대체하지도 못하고 있다. 결국 미중 경쟁 구조의 노정이 당분간 지속되리라 예상된다.

큰 틀에서 볼 때 미국에서는 지난 40여 년간의 대 중국 관여 정책engagement policy이 실패하였다는 인식이 확산되고 있다. 중국을 적대시하지 않고 미국이 만든 국제 질서 안으로 중국을 포섭시키는 접근법인데 그러한 전략이 실패하였다는 것이다. 심지어 미국이 희망적 사고를 가지고 중국의 부상을 '용인'한 결과, 미국에 가장 위협적인 경쟁 상대를 키웠다는 패배적인 시각도 있다.

표 7. 미중 무역전쟁발 한국 여파

미·중 진출 기업의 매출 및 매입 비중 현황					
매출 비중			매입 비중		
현지 매출	한국 수출	제3국 수출	현지 매입	한국 수입	제3국 수입
중국 64.4	30.5	5.1	60.9	28.7	10.4
미국 88.3	1.5	10.2	32.5	60.2	7.3

전기전자 부문 해외 진출 기업 매출 및 매입 비중 추이					
매출 비중			매입 비중		
현지 매출	한국 수출	제3국 수출	현지 매입	한국 수입	제3국 수입
2014 41.2	44.8	14.0	31.6	44.0	24.4
2015 35.4	49.3	15.3	28.9	43.6	27.4
2016 35.7	52.5	11.8	28.9	48	23.1

자료: 〈2016 회계연도 해외직접투자 경영분석〉, 수출입은행, 2017.11.
출처: 고동환, 〈미·중 무역 분쟁의 배경과 그 영향〉, 정보통신정책연구원, 2018.8.22., http://m.kisdi.re.kr/mobile/common/premium?file=1%7C14384

이런 패배적 인식과 중국에 대한 경쟁적 의식의 확대는 미국이 '아시아 재 균형' 정책을 취하기 시작한 2011년 말부터 본격화되기 시작했고 최근 그 공감대가 더욱 확산되고 있다.

한국이 미중 관계에 관심을 갖는 이유는 미중 관계에 '종속 변수'로 작용하는 지정학적 경험을 해왔기 때문이다. 냉전 직후 낙관적인 국제 환경 속에서 안정적인 성장을 해온 한국은 최근 2~3년 사이에 급속하게 변화하는 이러한 외적 환경, 특히 미중 관계 변화에 빨리 적응해야 하는 도전을 안고 있다. 특히 미중 관계가 악화될 때 북한 문제를 포함한 한반도 현안의 조정이 더욱 힘들어지기 때문이다.

마라라고^{Mar-A-Lago} 회담에서 보여준 미중 두 정상 간의 개인적 호감에도 불구하고 미중 관계가 최근 오히려 급속도로 냉각되는 더 근본적인 이유는 미중 관계가 갈수록 '구조적 갈등'의 노정을 띠기 때문이다. 이러한 갈등은 '북핵', '무역', '남중국해', '대만' 등 현안을 통해 가시화되고 있다.

필자는 현재 미중 관계를 '구조적 경쟁관계' 상태로 진단하고 그 추세를 1)우호, 2)현상유지, 3)갈등 중에서 세 번째인 '갈등'의 단계로 진단한다. 또한, 1)협력, 2)경쟁 중에서 '경쟁'으로 진단한다. 미중 관계 '악화'는 미중이 반드시 물리적 충돌로 간다는 극단 편향적 결론을 의미하는 것이 아니다. 그럼에도 미중 '강 대 강' 정치 구조 중간에 위치한 한국으로서는 '저강도'의 미중 갈등도 그것이 한반도에 투사될 때는 국가적 수준의 도전이 될 수 있다.

미중 관계를 분석할 때 중국학자들은 종종 세 가지가 양국 관계를 지탱하는 요소라고 본다. 그것은 ▲상호 무역 의존도 ▲지도자 사이의 개인적 친분 ▲양국민 사이의 호감도이다. 변칙적이고 예측하기 힘든 트럼프가 미 대통령이 되자 중국 측 전문가들은 특히 양국 지도자 사이의 개인적 친분에 더 비중을 두었고, 트럼프와 시진핑이 개인적으로 양호한 관계를 유지할 수 있을 때 양국 관계는 무리 없이 원만히 유지될 것이라는 의견을 보였다.

하지만 트럼프와 시진핑의 '짧았던 브로맨스'는 양국 관계가 단지 지도자 사이의 호감으로만 결정되는 것이 아니라 오히려 다른 요소들, 즉 국가

간 구조적인 요소들에 더 영향을 받을 수 있다는 해석에 무게를 실어주고 있다.

이를 계기로 미중 관계를 사안별로 일희일비할 것이 아니라 조금 더 큰 흐름과 구조적인 측면에서, 또 그 구조에 영향을 주는 '시대정신'을 살펴볼 필요가 대두된다. 특히 '협력'보다 '경쟁' 쪽으로 미중 관계의 축이 기우는 이 시점에서 미중 협력 G2 시대가 아직 요원한 것이라면 그 상대점에 있으며 요즘 많이 인구에 회자되는 'G-제로 시대'도 살펴볼 만하다.

트럼프와 시진핑이 이끄는 현 미중 관계를 기준점으로 근년 미중 관계의 큰 흐름을 조망해 봐야 할 것이다. 특히 양국의 경쟁적 관계가 트럼프 혹은 시진핑 같은 '스트롱맨' 지도자의 개인 성정에 좌우되기보다 그들이 사회로부터 위임받은 '시대정신'에 의해 노정되는지의 여부도 살펴야 한다.

짧았던 트럼프-시진핑의 브로맨스

취임 전 중국과 정면 대립각을 세웠던 트럼프는 2017년 4월 미국 플로리다주 트럼프의 휴양지인 마라라고에서 열린 미중 정상회담[28]을 통해 시진핑과 '밀월 관계'를 형성했다. 하지만 3개월 후 워싱턴에서 가진 미중 고위급 경제 회담에서는 애초 계획되었던 기자회견마저도 취소하는 등 양자 관계는 다시 악화 상태로 전환되었다.

하버드대 교수인 역사학자 니얼 퍼거슨$^{Niall\ Ferguson}$은 이렇게 애증적 요소가 있는 혼재하고, 협력과 갈등이 공존하는 미중 관계를 '프러네미 frenemy=friend+enemy'로 묘사하기도 한다. 프러네미 관계는 종종 'friend' 측면에 더 비중을 두는 것으로 미중 관계가 티격태격하지만 결국 'enemy' 측면보다 'friend' 측면이 더 많다는 것에, 갈등보다는 협력을 통해 서로 '윈윈'을 추구할 것이라는 국제 관계 행위자의 '합리적 선택' 이론을 반영하기도 한다. 이 논리는 또한 왜 미국이 서로 충돌로 가지 않을 것인가 하는 낙관적 전망의 근거로 사용되기도 한다.

하지만 이는 '프러네미' 현상이 국제 사회에 부과하는 리스크를 간과한 측면이 있다. 특히 국제적으로 중요한 사안을 두고 이에 대한 '책임'을 상대방에게 전가할 수 있다는 것이다. 북핵 문제가 대표적이다. 예를 들어, 미국은 '중국 책임론'을 들어 중국이 북핵 문제를 풀어야 한다고 하고, 중국은 반대로 북핵 문제의 근본은 '북미 갈등'이라며 미국이 풀어야 한다고 팽팽히 맞서고 있다.

큰 틀에서 보면 중국은 지난 40년간 미국이 만들어놓은 국제 질서에 '공짜 탑승free ride'하면서 국력을 키우는 '합리적 선택'을 했지만, 미국과의 격차가 갈수록 좁아지면서 야망의 사이즈가 자연히 더 커졌고 이제는 스스로가 '제1인자'가 되고자 하는 '합리적 선택'의 길도 모색하고 있다. 이와 상대적으로 미국은 갈수록 부상하는 중국을 미국이 주도해서 만든 '질서'와 '규범' 안에 가두어두는 데 버거움을 느끼고 있다.

중국도 나름대로 많은 심각한 정치·경제적 문제에 직면해 있지만 시진핑 시기에 들어 중국이 미국을 넘어서 세계 경제 최강국이 되리라는 건 거의 확실하다는 내부적 자부심을 지니고 있다. 중국은 특히 트럼프란 국정 경험이 전무한 미국 지도자의 등장이 '중국의 부상'을 가속화하는 절호의 기회로 본다. 예를 들어 전 중국 외교관이었던 우정룽吴正龙은 2017년 8월 1일 〈환구시보〉 칼럼에서 '세계정세의 판이 흔들리고 있다. … 이것은 위기의 시대이기도 하지만 기회가 충만한 시대이기도 하다世界格局的板塊正在發生鬆動… 這是危機四伏的時代，也是充滿機遇的時代'라고 했다.[29]

스스로 미국 최초의 '태평양 대통령Pacific President'이라고 칭한 오바마 전 대통령이 '아시아 중심Pivot to Asia' 정책을 통해 이 같은 중국의 도전을 막아보려 대응했지만 실패했다는 평가를 받았다. 오바마 시대의 미국은 중국의 도전에 맞서는 강한 결의를 보여주지 못했고 그 결과 아시아 내 미국의 지위는 약화됐다. 트럼프 대통령 역시 대통령으로 막상 당선된 후에는 중국의 야망을 저지하는 데 관심을 보이고 있지만 동시에 '고립주의' 성향도 드러내고 있다. 그의 '미국 우선주의'는 벌써 '미국 혼자주의America Alone'라 비판받고 있기도 하다. 전체적으로 미국의 영향력 약화는 가속화되고 있다.

트럼프는 미국 지도력 쇠퇴의 '원인'이 아니라 '결과'

흔히 '트럼프 현상'은 미국 사회를 '대표'하는 것이 아닌, 잠시의 '일탈 행위'로 묘사된다. 하지만 하버드대 중국 전문가 윌리엄 오버홀트William Overholt는 국제 사회에서 미국 지도력의 후퇴는 트럼프의 등장으로 시작된 것이 아니라 그 이전에 이미 시작된 것이라고 진단한다. 이 논리에서 고찰하자면 트럼프는 미국 쇠퇴의 '결과'이지 '원인'이 아니다. 다시 말해 트럼프의 등장은 아이러니하게도 미국의 '시대정신'을 대표한다는 것이다.

마찬가지로 미국의 '고립주의'도 트럼프 대통령이 당선되면서 시작된 것은 아니다. 이미 20여 년 전에 시작되었던 것이다. 빌 클린턴이 대통령으로 당선된 시기1993년는 냉전의 종결과 함께 미국인들이 국외 문제보다 국내 문제에 더 관심을 가지게 된 시기였다. 특히 소말리아 작전이 실패하고 18명의 미국인 사망자가 발생하자 미국 사회는 미국의 해외 분쟁 개입에 대해 비판적 태도를 취하기 시작했다. 특히 중국과 관련, 클린턴은 당근 유인 정책을 펼쳤다.

클린턴은 "민주주의가 세계를 무역하기에 안전하게 만드는 것처럼, 통상의 증가가 민주주의를 펼치는 데 도움이 된다"고 설파했다.[30] 그러면서 중국의 세계무역기구WTO 진출을 지지해주었다. 이러한 논리로 그는 통상의 증가가 중국을 더욱 개방으로 이끌고 중국공산당의 중국 경제에 대한 통제권이 서서히 이완되면서 중국 사회가 더욱 민주적으로 발전되고, 공산당이 중국 사회에 대한 통제가 약화되면 중국 인권 문제도 향상되리라 보았다.

공화당 소속 다나 로라바커Dana Rohrabacher 하원의원은 훗날 이러한 미국의 대 중국 정책이 '멍청한 정책stupid policy'이었고 미국이 중국에 대해 정치

개혁을 요구하지 않고 경제 대국으로 만들었다고 회고했다. 그는 심지어 "우리가 중국이란 괴물을 만들어냈다We created a monster"[31]라고 미국의 중국에 대한 전략적 오판을 신랄하게 비판했다.

클린턴의 뒤를 이은 조지 부시George Bush 행정부2001~2009년는 임기 초년인 2001년 9·11 테러 이후 국제적 군사 전쟁인 '테러와의 전쟁'을 선포했다. "당신은 우리 편이거나, 아니면 테러리스트 편이다You are either with us, or with the terrorists"라는 부시의 발언[32]은 당시에 유명했고 지금도 회자되고 있다. 하지만 '테러와의 전쟁'은 미국의 힘에 '한계'가 있다는 것을 오히려 일깨워주었다.

부시 대통령 임기 동안을 한정해 미국 여론조사기관인 퓨리서치센터Pew Research Center가 전 세계 54개국 17만 5,000명을 통해 진행한 조사는 미국의 이미지가 크게 손상됨을 보여주었다. 이에 미국 외교는 부시 행정부의 일방주의보다 다른 국가들과 공조를 취하는 다국적주의로 선회했다. 이러한 변화는 궁극적으로 미국의 세계 영향력 축소의 노정이기도 하다.

미국 발 금융위기 기간에 시작한 버락 오바마 행정부2009~2017년는 미국이 '슈퍼 파워'란 스스로의 인식에 크게 손상을 입은 채 시작하였다. 미국인들은 미국 정부가 해외에서 벌이는 전쟁과 거기에 사용하는 비용에 이전보다 더욱 비판적인 태도를 보였다. 미국인들은 '경제 회복', '전쟁 끝내기', '새로운 전쟁 시작하지 말기' 등 고립주의 경향을 보이기 시작했다. 이런 상황에서 오바마 행정부의 관심은 자연스럽게 국내 정치에 집중하게 됐다.

오바마 행정부는 외교 정책에 있어서도 미국의 '세계 경찰' 역할에 더욱 뚜렷한 거부감을 표시했다. 오바마는 화학 무기를 사용한 시리아에 '레드 라인'을 그어놓고도, 막상 시리아 정부가 화학 무기로 대량살상을 저지르자 군사 행동을 취하지 않았다. 이는 중국, 북한 같은 나라들이 더욱 미국의 권위에 도전하거나 미국의 경고를 무시하는 계기를 마련해주었다.

하지만 이 시기에 주목할 만한 '예외적' 외교 전략 변경이 있는데 바로 중국의 부상을 억제하기 위해 '아시아 재 균형 정책'을 시작한 것이다. 그러나 이 전략은 궁극적으로 실패하였고^{이 역시 전문가들은 미국이 군사력을 사용하기를 너무 주저했기 때문이라고 보기도 함} 중국은 오히려 미국이 쇠퇴를 인정하고 슈퍼 파워 리더십을 나누는 '신형 대국 관계'를 미국에 요구하기 시작했다.

시진핑이 이끄는 중국의 시대정신:
'두 개의 백년'과 중화 민족의 위대한 부흥의 꿈

중국엔 소위 '두 개의 백 년^{兩個一百年}' 목표가 있다. 첫 번째 백 년은 중국 공산당 창설 100주년을 맞이해 '전면적 소강사회^{중산층 사회} 건설^{全面建成小康社會}'이고 두 번째 백 년은 중화인민공화국 설립^{1949년} 백 주년이 되는 2049년까지 시진핑이 주창한 '중화 민족의 위대한 부흥의 꿈^{中华民族伟大复兴的梦}'을 실현하는 것이다. 시진핑의 중국은 강대국화 부상 과정에서 기본적인 '굴기'를 완성했다[33]고 판단하는 자신감을 가지고 있다. 중국이 이렇게 스스로 느끼는 '국운 상승'에 대한 집단의식collective consciousness이 어떻게 외교 행위에 투사되는지 주목할 필요가 있다.

중국이 경제, 정치, 군사적 힘 등 거의 모든 분야에서 지각 변동과 같은 확장을 겪으면서 중국의 국제적 위상도 이와 함께 바뀌고 있다. 국제 사회도 이러한 변화된 중국을 받아들이거나 혹은 받아드리게끔 해야 한다는 인식을 시진핑 중국은 가지고 있다.[34] 세계가 '중국의 부상'을 받아들이고 이에 적응해야 한다는 인식이다. 이는 경제력, 군사력을 바탕으로 한 중국의 패권의식을 드러낸 것이다.

'핵심 이익' 강조하는 중국의 '공세적 외교'

최근 중국 외교부 문건이나 심지어 시진핑의 발언에서도 '핵심 이익核心利益'이란 표현이 자주 쓰이고 있다. '핵심 이익'이란 중국이 구별하는 세 가지 이익핵심 이익, 중요 이익, 일반 이익 중에서 가장 상층에 있는 이익이며, '국가의 생존'이 걸려 있기에 '타협의 여지가 없는不容妥协' 이익이다.

문제는 중국의 국력이 커짐에 따라 그 리스트가 길어지고 있다는 것이다. 예를 들어 남중국해를 둘러싼 분쟁이 격해지자 중국은 2010년 남중국해를 핵심 이익으로 선포했다. 타협의 여지가 없다는 것을 선포하는 방식이다.

여기에 더해 2014년 중국은 '해양강국海洋强国' 전략을 공식화했다. 그리고 2016년 7월 1일 중국공산당 창당 95주년 기념식에서 시진핑은 "어떤 외국도 우리가 '핵심 이익'을 거래할 수 있을 것으로 기대하지 말라"고 경고했다.[35] 남중국해에서 미중 간에 충돌 발생 시 중국의 양보 여지를 스스로 아예 없애버린 것이다. 이는 긴장 관리 실패 시 충돌 가능성이 더 커짐을 의미한다.

시진핑은 일찍이 2014년 3월에도 "우리는 평화를 원한다. 하지만 그것 때문에 국가 핵심 이익을 희생하지 않겠다"라고 천명했다.[36] 처음부터 미리 자국의 기준과 한계 마지노선을 정하고 상대국의 양보와 항복을 요구하는 패권주의 태도이다. 더 큰 문제는 중국의 이러한 태도가 외교 영역에서 갈수록 더 반영되고 있다는 것이다.

중국, 주변국과 영토 분쟁 증가

핵심 이익을 강조하고 강경한 모습을 보이는 중국 외교의 '민낯'이 드러난 것 중의 하나가 한국의 사드 배치 문제이고 또 하나는 필리핀과의 영토 분쟁이다. 시진핑은 2017년 5월 1일 베이징에서 열린 로드리고 두테르테Rodrigo Duterte 필리핀 대통령과의 정상회담에서 영유권 분쟁 지역인 남중국해에서 필리핀의 석유 시추 결정과 관련해 전쟁 가능성까지 언급하며 석유 시추 중단을 강력하게 압박했다.

한국에 대해서도 사드 배치를 둘러싸고 긴장이 지속되고 있는 상황에서 2017년 7월 독일에서 문재인 대통령을 만난 시진핑은 "서로 간에 핵심 이익을 존중해야 한다尊重彼此核心利益"라고 강조했다.[37] 이러한 시진핑은 현실주의에 입각해 강한 힘을 숭상하고 과거 중국 지도자와 비교했을 때 훨씬 공격적 외교를 펼친다는 평가를 받는다.

시진핑은 미국과의 관계도 협력보다는 중국몽을 실현하는 데 더 방점을 찍고 있는 듯 보인다. 그렇기 때문에 핵심 이익에 있어서 미국에게도 양보하지 않겠다는 것이다. 이는 거래의 달인인 트럼프도 예외가 아니다. 트럼프는 '하나의 중국'도 거래의 대상이라고 하여 중국과 긴장 관계가 조성되었다. 그러나 결국 물러선 것은 트럼프였고 그는 하나의 중국 원칙을 존중한다고 천명하였다. 이는 그의 참모들이 그것이 중국에게 핵심 이익인 대만이 무엇을 의미하는지를 설명해준 후였다고 한다.

또 하나의 상황은 시진핑의 대외 전략을 매파가 주도한다는 것이다. 시진핑의 대외 전략을 주도하는 사람들은 군부와 당 중심이다. 구체적으로 시진핑은 매주 군 장성들과 정규 회합을 가지고 있으며, 군부가 중국의 외교에도 깊숙이 관여 하고 있다. 심지어 군부가 시진핑의 오마바와의 정상회담 의제 설정에까지 직접 관여한 것으로 알려져 있다.[38]

중국 강경파는 미국의 전략 중심이 중동에서 아시아로 '리밸런싱'하는 것이 결국 중국을 겨냥하는 것이라 보고 있다. 이에 대해 중국이 대응을 안 한다고 해서 미국이 중국을 고립시키려 하지 않는 것이 아니기 때문에 오히려 중국이 수동적 태도를 취할 것이 아니라 더 세게 나가야 한다는 담론이 시진핑 시대에 주류로 등장하고 있다. 그러므로 북핵, 사드 문제에 있어서도 중국이 자기 목소리를 내면서 미국의 압력에 굴복하지 않는 것이다.

미국에 대한 갈등과 위협 인식 증가

미국에서 중국에 대한 위협 인식이 증가하고 있는 것과 동시에, 중국에서도 미국에 대한 위협 인식이 증가하고 있는 부분도 눈여겨 볼 부분이다. 2016년 10월 미국 퓨리서치센터가 발표한 중국인 설문조사에 의하면 중국인 중 29%만이 '미국이 중국의 굴기를 받아들일 용의가 있다'고 믿고 있다. 52%의 중국인은 '중국이 미국과 자웅을 가룰 만큼의 대국으로 성장하는 것을 미국이 현재 저지하려고 하고 있다'고 대답했고, 45%의 중국인은 '미국이 중국의 가장 큰 국제 위협'이라고 답했다. 마지막 질문에 대한 답변율은 2013년 조사 때보다 6%나 증가했다.

중국에는 미국을 '전 세계에서 유일하게 중국의 정치 제도를 근본적으로 바꿀 수 있는 능력을 가진 나라'로 보는 원초적 우려가 있다. 더불어 미국에는 중국이 '전 세계에서 유일하게 미국인의 삶을 근본적으로 변화시킬 수 있는 나라'라는 원초적 염려를 지니고 있다. '투키디데스 함정Thucydides Trap, 기존 패권국가와 빠르게 부상하는 신흥 강대국이 결국 부딪칠 수밖에 없는 상황' 논란의 생명력은 이러한 구조적 갈등 구조가 충돌로 자연 귀결될 가능성에 대한 인식 때문이라 할 수 있다.

이러한 공세적 외교를 펼치는 중국의 지도자 시진핑에 대한 1인 권력 집중도 더욱 공고히 되고 있다. 중국공산당은 베이징에서 2016년 10월 24일 폐막한 제18기 중앙위원회 6차 전체회의6중전회. 六中全會 공보公報, 결과문에서 '시진핑 동지를 핵심으로 하는 당 중앙以習近平同志為核心的黨中央'이란 표현을 썼다. 중국 내부 소식통에 의하면 '핵심'이란 칭호는 공산당에서 최종 승인권과 거부권을 시사하는 것으로 중국이 마오쩌둥, 덩샤오핑 같은 '강한 지도자' 통치로의 회귀를 시사하는 것이다.

미국과 '충돌점' 증가하는 '스트롱맨' 시진핑의 중국

이상에서 살펴본 바와 같이 강한 지도자 시진핑을 핵심으로 명문화한 중국은 자국의 핵심 이익 관철을 명분으로 주변국과 끊임없는 갈등을 일으키고 있다. 그러나 이에 대한 중국 측 관전법은 확연히 다르다. 중국은 주변국들과의 갈등을 '패권 추구'라 보지 않고 중국이 '대국'으로 굴기하는 과정에서 겪어야 할 피할 수 없는 '성장통'으로 보는 듯하다. 이 시각의 연장선에서 중국의 미국에 대한 인식은 기존의 '충돌을 피해야 할 대상'에서 중국이 강대국이 되기 위해 '극복해야 할 산'으로 전이轉移 되고 있다.

중국에게 있어 요즘 가열되고 있는 인도와의 국경 분쟁, 남중국해 및 대만 문제, 일본의 센카쿠열도 등은 모두 중국의 핵심 이익에 속하는 영역이고 중국의 대국굴기를 위해서는 양보할 수 없는 지역이다.

중요한 것은 시진핑의 중국은 미국과 물리적 충돌을 할 가능성이 더 높아졌다는 것이다. 예를 들어 전임 후진타오胡錦濤 시기 때는 미중 사이에 하나의 '충돌점point of conflict'이 있었고 그것은 대만 문제였다. 하지만 시진핑 시기에는 그것에 더해 '남중국해'와 '북한', 이 두 개의 충돌점이 더해졌다.

시진핑이 보는 세계는 '평화롭지 않은 세계'[39]로서 이는 당연히 미국과의 경쟁을 의식한 시진핑의 세계관을 반영한다. 이에 중국공산당은 '싸우면 이기는打勝仗 군대', 소위 '강군꿈强軍夢'을 강조하면서 이것이 시진핑이 주창한 '중화 민족의 위대한 부흥'이라는 국가적 목표를 실현하기 위해 필요하다고 강조한다.[40]

미국의 '옵션'

2013년 서니랜즈 회동에서 중국 측은 공동 성명에 '신형대국관계新型大國關係'라는 단어를 집어넣고자 했으나 미국이 거부했다. 이는 미국이 중국을 '동급'으로 인정하지 않겠다는 의지의 표현이다. 하지만 중국은 미국이 어떻게 생각하든지 상관없이 양국 관계는 '이미' 신형대국관계 구축 노정에 들어

도표 15. 2008~2017년 중국의 무역 수지

2008년까지 상품 무역의 흑자가 중국 경제 생산에 상당수를 이바지해왔고 지금도 그 이후에도 기여도가 3~5%정도 된다는 사실을 무시할 수는 없지만 2011년 이후 서비스 무역의 적자가 늘어나고 있다는 사실에 주목해야 한다. '서비스 무역'은 근본적으로 사회 개방의 효과를 가지고, 중국 당국에는 자연스럽게 위협적인 존재가 된다. 이는 중국이 서비스업을 개방하지 않으려고 하는 이유 중 하나다.

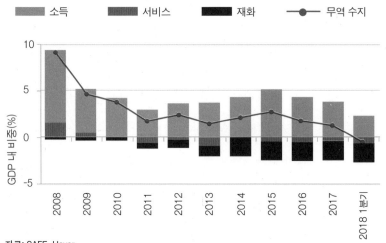

자료: SAFE, Haver
출처: 오광진, "미국, 中 환율조작국 뺐지만 "중국에 깊은 실망"...집중 관찰 의지", 조선일보, 2018.10.18., HYPERLINK "http//news.chosun.com/site/data/html_dir/2018/10/18/2018101800998.html"http://news.chosun.com/site/data/html_dir/2018/10/18/2018101800998.html

섰다고 본다.[41] 이에 미국은 군사력이 여전히 중국보다 월등히 높은 상황에서도 군사 행동보다 외교적 수사학으로 중국을 견제하는 '소극적' 대응을 주로 취하고 있다. 이유는 중국과의 군사적 충돌을 자제하려는 의지가 중국과 충돌 의지보다 강하기 때문이다.

미국은 중국에 대한 억제 수단으로써 '수사적 압력rhetorical pressure'과 물리적 수단인 '미 해군 제7함대미중 간에 국지전 무력 분쟁 발생 시 가장 먼저 투입되는 미

전력'를 가지고 있다. 하지만 미국은 미중 간 충돌이 전면전으로 악화될 소지를 염려해 이러한 군사적 충돌을 자제하고 있다. 이는, 중국을 다룸에 있어 '말'로는 통하지 않고 그렇다고 하여 중국에 대해서 '군사적 행동'을 취하자니 부담을 느끼는 것이다. 국지 충돌이 자칫 전면전으로 확전될 가능성을 배제할 수 없기 때문이다. 그리고 그 사이에서 다른 적당한 정책적 수단은 부족하다.

트럼프 역시 중국을 '환율 조작국'으로 지정한다는 등 무역 보복을 수차례 암시했지만 아직까지 이는 실현되고 있지 않다. 문제는 중국 역시 미국의 이러한 생각을 읽고 있으며 중국은 '시간은 우리 편'이란 전략을 취하고 있다는 것이다. 중국의 '굴기' 전략은 미국과 무력적 충돌을 피할 수만 있다면 '중국의 굴기'는 성공할 수 있다는 것이다.

이러한 맥락에서 호주의 중국 전문가 휴 화이트Hugh White는 제2차 세계 대전 이후로 도전받지 않았던 미국의 아성이 중국의 부상으로 흔들리고 있다고 진단한다. 그는 미국이 세 가지 선택에 직면해 있다고 주장한다. ▲아시아 리더십을 두고 중국과 경합하거나, ▲자발적으로 주도권을 양도하거나, ▲'아시아 체제Concert of Asia'를 구성하여 미중이 함께 협력할 수 있는 새로운 매커니즘을 구성하는 것이다.

휴 화이트 본인의 선택은 두 번째와 세 번째의 조합이었다. 그는 미래 세계의 평화가 미국이 '몰락'을 스스로 인정하고 평화롭게 슈퍼 파워 권좌에서 물러나 중국을 '아시아에서 전략적 동격strategic equal in Asia'으로 받아들일 때

가능하다고 주장한다. 화이트의 이러한 미중 '권력 공유' 모델은 시간이 흐르면서 더욱더 진지하게 토의되어지고 있으며, 심지어 폴 키팅Paul Keating 전 호주 총리 같은 인물도 그의 주장을 지지하고 있다.

트럼프 이후 미국이 달라질 가능성 낮을 것

트럼프가 미국 지도력의 상실을 초래한 것이 아니라 오히려 미국 지도력 상실의 결과로 등장한 인물이라면, 현 미국 지도력 쇠퇴는 트럼프 개인의 문제가 아니라 미국 사회의 문제라 볼 수 있다. 그렇다면 이는 더 심각한 문제이다. 그것은 트럼프가 퇴임한다고 해결될 문제가 아닐 수 있다는 것이다. 이후 미국 대통령이 누가 되든지 현 구조적 패착이 크게 달라지지 않을 것으로 전망되기 때문이다.

한편 미국 일각에서는 중국을 어느 정도 선까지 용인해야 하는가 하는 논쟁도 진행되고 있다. 수전 셔크Susan Shirk 전 미 국무부 동아태 담당 차관보는 "나는 미중 관계가 어디로 향하는지 개인적으로 걱정된다. 전쟁을 막기 위해서라도 우리가 중국을 다루는 방법을 변경해야 할지도 모른다"고 진단한다. 중국의 행위를 계속 용인하다가 훗날 더 큰 충돌이 있을 가능성을 염려하는 것이다. 그러한 불상사를 막기 위해서라도, 중국의 부상과 도전을 방치하면 안 된다는 뜻이다.

그럼에도 앞에서 살펴보았듯이 미국이 중국에 대해 쓸 수 있는 카드는 제한되어 있는 듯 보인다. 이는 결국 국제 사회에서 미국의 전통적 리더십과 존재감은 중국에 의해, 그리고 미국 스스로의 고립주의 경향으로 인해 점차적으로 주변화 되는 것을 의미한다.

미국이 아시아 문제에 적극 개입하겠다는 결의를 여러 차례 밝혔지만 미국이 라이벌 중국으로부터 역내 리더십을 지키기 위해 비용을 지불하고 리스크를 감내하겠다는 어떤 증거도 찾기 어려운 것이 현실이라고 앞서 언급한 하버드대 중국 전문가 윌리엄 오버홀트는 주장한다. 이언 브레머도 미국이 향후 10년 또는 20년 사이에 아시아에서 철수하는 상황이 실제 일어날 가능성도 염두에 두어야 한다고 주장한다.[42] 미국의 철수는 아시아 지역 질서에 엄청난 불안정을 초래하는 가운데 중국이 경제적으로, 전략·정치적으로 이 지역을 지배하는 길을 터줄 것이다. 그때가 되면 아시아 모든 국가들은 중국의 힘의 무게에 맞서 자국의 이익을 어떻게 지켜야 하는가를 심각하게 고민해야 할 것이다.

글로벌 리더십 부재 현상에 특히 취약한 아시아

글로벌 리더십 부재 현상G-제로은 특히 아시아 지역에 지대한 영향을 끼칠 것이다. 이언 브레머는 아시아가 또한 미중 충돌의 가능성이 가장 높은 지역이라고 진단한다. [43]브레머는 'G-제로' 용어를 창시한 사람이기도 한데 그는 다년간 미중 관계 흐름을 분석하고 있다. 예를 들어 2012년에 그는 "미중 관계가 악화되고 있다"라고 진단했고, 2017년 최근 분석에서 "G-제로 시대는 당분간 지속될 것이다"[44]라고 진단했다. 이는 불확실성의 시대를 의미한다. 즉 미중 관계 갈등 노정 속에서 세계는 '리더 부재' 현상으로 더욱 혼란에 빠질 수 있다.

더불어 '미국을 다시 위대하게'라는 슬로건을 걸고 미국 대통령으로 당선된 트럼프와 '중화 민족의 위대한 부흥'이라는 기치를 든 시진핑의 조합은 '강 대 강' 국면이다. 이는 중국도 인식하고 있다. 2017년 7월 공개된 중국과 미국의 정부·학자 인사들이 참여한 연구 보고서에 의하면 중국 역시 미국과 경쟁의 심화와 '전략적 오판 위험战略误判的风险' 발생 가능성을 미중 관계 충돌 위험 요소로 지적하고 있다. 변칙적인 정치를 펼치는 '트럼프 요소'는 지속적으로 불안감을 제공할 것이다.

미중 관계의 앞날을
읽는 힘

한국 외교 안보의 에너지가 실질적으로 가장 많이 집중되고 있는 북한 문제에 있어서도 중국의 역할은 중요하다. 중국은 북한 문제를 미중 간의 아태 지역에서의 세력 경쟁이라는 큰 안목에서 보기 때문에 근본적인 미중 관계의 개선이 전제되지 않는 한 한국은 북한 문제에 있어서 중국의 전폭적인 지지를 얻기가 지난하다는 관측에도 갈수록 공감대가 형성되고 있다.

그렇다면 앞으로의 미중 관계는 어떻게 진행될 것인가? 여기에도 두 가지 시각이 팽팽히 경쟁하고 있다. 첫째는 앞으로의 미중 관계는 충돌 가능성보다 협력과 상호 의존성이 더 크다는 것이다. 그들에 의하면 현재의 미중 관계는 냉전 시기와 근본적으로 다르다는 것이다. 미중 간에 티격태격하지만 결국 경쟁보다 상호 의존하고 협조하는 체제로 나갈 것이라는 전망이다. 더불어 미중 간에는 공식적인 관방 채널이 90여 개가 운영되고 있으며, 민간 차원까지 합하면 300여 개의 상호 소통 채널이 있다는 점을 이들은 꼽는다.

미중 관계를 긍정적으로 낙관하는 방점으로 기우는 시각에 가장 큰 영향을 준 사건은 오바마와 시진핑이 2013년 6월 미국 서니랜즈에서 가진 정상회담이다. 언론이 '세기의 만남'이라고 한 이 모임에서 두 정상은 넥타이를 풀어헤치고 앉아 허심탄회하게 양국이 대결 아닌 대화와 협조로 풀어나가기로 한 소위 '신형대국관계' 모델에 동의했다는 것이다. 양국은 또한 북한에 대한 핵보유국 불인정, 핵무기 개발 불용에도 동의해 한반도 미래에도 긍정의 서막이 오르는 듯했다.

문제는 아마도 언론에 알려지지 않은 디테일에 있을 것이다. 결론부터 말하자면 미국은 중국이 제시한 '신형대국관계'를 받아들이지 않았다는 것이다. 이것은 현직 중국 외교부 관리도 참석한 모임에서 필자가 직접 들은 말이다.

중국이 생각하는 신형대국관계는 미국이 중국의 아시아에서의 핵심 이익을 존중하라는 것이다. 그러면 중국도 미국의 현재 지위에 도전하지 않겠다는 것이다. 이 논리의 연장선에서 보면 미국은 대만에 무기를 판매해서도 안 되고, 중·일 영토 분쟁에도 개입해서는 안 된다. 일종의 중국판 '먼로 독트린Monroe Doctrine, 미국 5대 대통령 제임스 먼로가 주창한 고립주의 외교 방침' 이다. 미국이 중국의 '마당'인 아시아를 건드리지 않으면 중국도 미국이 외교적 노력을 기울이고 있는 중동 문제 등 다른 미국의 이익에 훼방을 놓지 않겠다는 것이다.

"당연히 미국으로서는 받아들일 수 없는 제안이다. 중국도 미국이 받아들일 수 없다는 것을 알고 오바마 앞에서 일부러 디테일을 언급하지 않았다." 이러한 내막을 아는 어느 미국 측 인사의 이야기이다. 동의할 수 없으니 서로 간에 '전략적 모호성'으로 남겨두고 얼른 악수하고 마쳤던 것이다. 이것이 '세기의 만남'이라 불리는 신형대국관계의 본 모습이다. 양측 다 국내정치 수요 때문에 화려한 모습으로 언론에 스포트라이트를 보여주기는 했지만 말이다.

문제는 간간이 나오는 이런 내막을 알기도 힘들다는 것이다. 미중의 미래는 충돌로 갈 가능성과 협조로 갈 가능성이 동시에 상존한다. 한국은 어느 쪽에 '베팅'을 하고 준비해야 할까. 미중이 충돌로 갈 때 한국이 준비해야 할 숙제는 더 많아진다. 귀찮고 힘이 더 들더라도 신중한 쪽으로 준비하는 것이 미래에 남는 것이다. 이것이야말로 125년 전 이 땅을 휩쓸고 갔던 갑오개혁의 교훈이라 할 만하다.

미중 사이에서
한국의 현명한 선택

G-제로 시대의
미중 관계와 한반도

한국에는 미중 관계에 대해서 여러 담론이 혼재하는 듯하다. 미중이 G2로서 협력한다는 담론, 그런데 그 협력이 너무 과해서 한국을 홀대할지 모른다는 코리아 패싱, 그리고 최근 미중이 경쟁과 충돌로 간다는 갈등론이다. 같이 공존하면서 시기에 따라 어느 것이 더 우세한 담론일 때도 있다. 실제로 한국에는 미중이 '빅딜'하여 한국이 소위 '코리아 패싱'을 당할 수 있다는 우려가 팽배하다. 실체와 상관없이 언론이 그렇게 보도하면서 중요한 안보 담론이 되었다. 이는 '미중 관계가 전반적으로 우호적 대세로 갈 것'이라는 예상을 전제하고, '미중이 한반도 상황에 대해서 빅딜할 가능성'과 결과적으로 '한국이 패싱 당할 수 있다'는 논리 구조를 지니고 있다.

하지만 현재 미중 관계는 구조적 경쟁 관계로 악화되고 있는 것으로 관찰된다. 경쟁 구도로 가고 있는 미중 사이 빅딜의 가능성은 줄어들고 있다. 그럼에도 불구하고 한국에서 코리아 패싱 담론이 나오는 것은 이러한 간결하고 효과적인 정치 프레이밍framing을 통해 정부를 견제하려는 국내 정치적 측면이 있다고 할 수 있다.

강대국 사이에 끼어 있는 약소국 패싱 현상은 비단 한국만의 독특한 경험은 아니며 강대국끼리 사이가 좋거나 나쁘거나 해서 발생하기보다는 약소국의 힘이 부족할 때 발생하는 것이 근본적 원인이라고 봐야 한다. 또한 패싱은 약소국이 아닌 강대국도 겪을 수 있다. 중국이 북미 접촉을 우려해왔던 것처럼 강대국인 중국이 약소국인 북한에 의해 패싱 당할 수도 있기에 기존의 '강대국 결탁→약소국 패싱' 관점으로 한국이 직면한 상황을 자학적으로 진단하는 것은 바람직하지 않다.

트럼프와 시진핑의 견해 차이

무역전쟁의 막이 오르기 전, 트럼프와 시진핑은 브로맨스 관계였다. 사실 미중 갈등이 고조된 요즘도 트럼프는 '시진핑은 나의 좋은 친구'라며 립서비스로 중국을 '관리'하려

도표 16. 미중의 GDP 성장률
Year-on-year % change

30년 동안 중국의 성장률이 미국의 성장률보다 높았지만 최근 그 추세는 역전될 수도 있는 것으로 보인다.

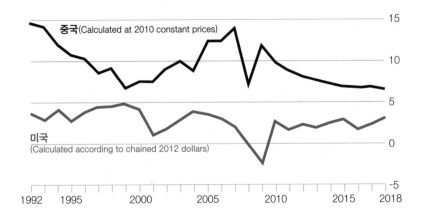

자료: Bloomberg
출처: Lucy Hornby and James Politi, "U.S.-China Trade Talks, which side holds the advantage?", Fin ancial Times, 2019.1.8., HYPERLINK "https//www.ft.com/content/e320de2c-12ee-11e9-a581-4ff78 404524e"https://www.ft.com/content/e320de2c-12ee-11e9-a581-4ff78404524e

한다 그런 트럼프와 시진핑의 '브로맨스'가 짧게 끝난 이유는 '거래 지향적인' 트럼프의 성향에서 볼 때 그는 시진핑과 '거래'를 한 것으로 생각했고, 시진핑은 거래가 없었다고 보는 견해 차이 때문에 발생하였다. 거래는 중국이 북핵 문제를 해결해주는 대가로 미국이 중국을 환율 조작국으로 지정하지 않는 것이었다. 이는 '중국의 북핵 협조=미국의 무역 양보'라는 동급 거래가 불가능하다는 중국의 전략적 시각을 드러낸 것이기도 하다. 중국은 이 둘을 연계하지 않는 전략을 취하는 바, 미국의 무역 보복 움직임에 크게 반발하고 있다.

미중 경쟁 '구조화' 노정 더욱 두드러질 것으로 예상

미중 두 정상 간의 개인적 호감에도 불구하고 양국 간의 관계가 최근 오히려 급속도로 냉각되는 더 근본적인 이유는 미중 관계가 갈수록 구조적 갈등의 노정을 띄기 때문이다. 이러한 갈등은 '북핵', '무역', '남중국해', '대만' 등 현안을 통해 가시화되고 있다.

한국이 미중 관계에 관심을 갖는 이유는 미중 관계에 '종속 변수'로 작용하는 지정학적 경험을 해왔기 때문이고, 특히 미중 관계가 악화될 때 북한 문제를 포함한 한반도 현안의 조정이 더욱 힘들어지기 때문이다그리고 이 점이 코리아 패싱 담론과 연관되고 있다. 이에 정부 차원에서 더욱 미중 관계 연구에 대한 관심과 지원이 필요하다.

큰 틀에서 볼 때 미국에서는 지난 40여 년간의 대 중국 관여 정책이 실패하였다는 인식이 확산되고 있다. 이는 중국을 적대시하지 않고 미국이 만든 국제 질서 안으로 중국을 포섭시키는 접근법인데 그러한 전략이 실패하였다는 것이다. 심지어 미국이 희망적 사고를 가지고 중국의 부상을 '용인'한 결과 미국에 가장 위협적인 경쟁 상대를 키웠다는 패배적 시각도 있다. 이런 패배적 인식과 중국에 대한 경쟁적 의식은 미국이 '아시아 재 균형' 정책을 취하기 시작한 2011년 말부터 본격화되기 시작했고 최근 그 공감대가 더욱 확산되고 있다.

한국의 선택

트럼프 행정부에 들어서 미국은 국제 사회의 전통적 리더십 역할을 방기하는 경향이 더욱 뚜렷해지고 있다. 그렇다고 해서 '굴기'하는 중국이 미국의 역할을 대체하지도 못하고 있다. 미중 경쟁 구조의 노정이 당분간 지속되리라 예상된다. 이러한 지정학적 상황에서 한국은 이 경쟁에서 승자로 예상되는 쪽에 베팅하는 기회주의적 외교 정책을 취하기보다 국익에 의거한 기준을 세우고 행동할 것을 제안한다.

이를 통해 국민 공감대와 국가 역량을 결집하여 '리더가 부재한 세계'에서 전략 노선 혼란을 최소화하고 코리아 패싱이라는 자학적/패배적 진단에 빠지기보다 주동적으로 일관성이 있고 슬기로운 외교 정책을 만들어나가는 것이 바람직할 것이라 사료된다.

이러한 기준에 의해 최근 한국이 미중 사이에서 겪었던 사드 배치 문제를 어떻게 접근할 수 있는지에 대한 예를 결론 부분에서 제시해 보았다.

코리아 패싱은 실재하는가, 아니면 비유인가?

최근 코리아 패싱이 현실화되고 있는지에 대한 우려가 대두되고 있다. 미중의 구조적인 경쟁이 현실화되는 가운데 한국 외교의 어려움은 주변 4강

표 8. 미중 무역전쟁발 글로벌 여파

가까워지는 중·일 관계 일지	
2018년 4월	도쿄에서 중·일 고위급 경제회담(8년 만에 개최)
5월	리커창 총리 도쿄 방문(중국 총리 방일은 8년 만)
9월 중	일대일로 협력 방안 논의, 중·일 경제회담 개최 추진
10월 23일	중·일 우호조약 체결 40주년
10월 중	아베 총리 방중(성사 시 현직 총리로는 7년 만)
2019년 6월 28~29일	오사카 G20 정상회담 (시진핑 주석 방일 추진, 성사 시 11년 만에 현직 주석 방일)

미국 보호무역주의 돌파 위해 손잡는 중·일	
중국	미·중 통상전쟁에서 우군 확보 필요 참여국 이탈 잇따르는 일대일로, 일본 참여로 분위기 전환
일본	중국을 활용해 미국 통상압박 견제 대중 관계 회복을 통해 외교 무대에서 입지 회복

출처: 정욱·김대기, "日 '일대일로'첫 동참...무역전쟁속 가까워지는 시진핑·아베", 매일경제, 2018.7.20., HYPERLINK "http//news.mk.co.kr/newsRead.php₩?year=2018&no=458587"http://news.mk.co.kr/newsRead.php?year=2018&no=458587

이 한국의 정책적 노력에 냉담한 반응을 보인다는 점이다. 북한 역시 문재인 정부의 대화 제의에 냉담문재인 정부 초기. 2018년 4월 남북 정상회담으로 남북한 정세는 새로운 전환 국면을 맞게 됨하면서 이 표현이 한국 국내 정치에서 중요한 화두가 되었다.

코리아 패싱은 한국이 다차원적이고 복합적인 관계를 가지고 있는 미중 강대국 정치의 갈등 속에서 움직일 수 있는 공간이 적다는 점을 이렇게 표현하는 것이다. 하지만 이것은 한국 외교만이 직면한 독특한 도전은 아니다. 예를 들어 일본 역시 미중 양국의 '결탁'을 항상 우려하고 있으나 '재팬 패싱'이란 단어는 사용하지 않는다.

패싱은 반드시 약소국만이 경험하는 것은 아니다. 예를 들어 '북핵 6자 회담' 기간 동안 중국은 북미 양국이 주관국인 중국을 거치지 않고 따로 양자 회담(예를 들어 북미의 베를린 회담)을 통한 '차이나 패싱'을 우려하였다. 중국의 이러한 우려는 매우 두드러진 현상이지만 그럼에도 당시 사용되지 않았다. 언론에서 차이나 패싱이란 용어를 사용한 것은 2018년 전후이다. 그 역시 코리아 패싱이란 단어에서 출발한 연상 효과에서이다.

즉 코리아 패싱이란 단어가 유독 한국에서 주목을 받고 있다. 이는 국내 대립적 정치 생태계에서 주목을 받는 '프레이밍'으로 사용되고 있다. 한편 미국이 동맹인 한국의 입장을 고려하지 않고 북한을 폭격할지 모른다는 '한반도 위기설'이 제기되면서 또다시 코리아 패싱론이 제기되었다.

이 용어는 현 한반도 상황을 묘사하는 하나의 수사가 될 수 있으나 그 실체는 앞에서 살펴본 것처럼 확실하지 않은 측면이 있다. 특히 구체적인 사용법에 있어서 모순적인 면도 있다. 예를 들어 2017년 4월 미중 마라라고 정상회담 이후 한국에서는 미중 '밀월' 관계 담론이 제시되었다. 미국이 한국을 배제한 채 중국과 한반도 문제를 매듭지을 것이라는 이른바 '미중 빅딜설'이 제기되었던 것이다. 이는 당시 '4월 한반도 위기설'이 도는 가운데 한국이 가지고 있는 불안감을 고조시켰다.

반대로 2017년 8월에는 미중 관계가 악화된 상태였다. 중국이 더 엄격한 유엔 대북 제재안에 동의해주었음에도 불구하고 트럼프는 중국의 지적재산권 침해 혐의에 대해 공식적인 조사를 지시하였다. 중국은 이에 크게 반발하며 보복을 경고했다. 미국이 유엔에서 중국을 압박하는 카드로 무역 제재를 꺼내들었고, 중국은 일단 미국을 진정시키기 위해 당시 적당한 선에서 타협하였다. 하지만 이러한 임시적 타협을 보고 미중 관계를 일희일비 진단하기보다 전반적인 미중 관계의 큰 흐름을 관찰하는 것이 더 중요하다.

종합해보면 2017년 4월에는 미중이 밀월 관계 결탁을 했다고 코리아 패싱론이 나왔고, 8월에는 미중 관계가 갈등 국면으로 접어든 상황에서 코리아 패싱론이 등장했다. 그렇다면 패싱 현상은 강대국 사이의 우호관계에 의해 결정되는 것이 아니라 강대국 사이에 끼어 있는 약소국의 힘이 부족할 때 발생하는 것을 그 근본적인 원인으로 봐야 한다.

트럼프와 시진핑의 짧았던 '브로맨스'를 되짚어보는 것을 계기로 삼아 최근 미중 관계의 큰 흐름을 조망해 본다. 특히 양국의 경쟁적 관계가 트럼프 혹은 시진핑 같은 스트롱맨 지도자의 개인 성정에 좌우되기보다 그들이 사회로부터 위임받은 시대정신에 의해 노정되는지에 대한 여부를 살펴보고 그것이 주는 함의를 검토한다.

미중 브로맨스

2017년 4월 미국 플로리다주 트럼프의 휴양지 마라라고에서 열린 미중 정상회담[45]을 통해 형성된 트럼프-시진핑 '밀월 관계'는 그 달 후반부에 들어 '최고조'에 다다랐다. 예를 들어 4월 20일 트럼프는 "시진핑 주석이 북한의 변화를 위해 매우 열심히 노력하고 있다"고 말했다. 그러면서 특히 "지난 2~3시간 동안 아주 이례적인 움직임들이 있었다"고 덧붙였다.

트럼프는 구체적으로 어떤 일이 벌어졌는지에 대해서는 설명하지 않았다. 당시 북핵 실험이 임박한 징후가 있자 미국의 대북 선제 공격설로 한반도 긴장 상황이 고조되어 있었다. 일부 미국 측 인사들은 중국이 북한을 압박해 6차 핵실험을 중단시킨 것으로 설명하였다. 북한이 적어도 미국이 가장 민감해 하는 핵 실험을 감행하지 않은 것에 대해 모종의 '중국 역할'이 있었으리라 유추도 제기되었다. 북한은 2017년 9월 3일 함경북도 길주군 풍계리에서 6차 핵 실험을 감행하였다

미중 수뇌부의 밀월 관계는 트럼프가 당시 사용한 용어에서도 엿볼 수 있다. 북한이 4월 28일 미사일 실험을 하자 트럼프는 트위터를 통해 '중국과 매우 존경 받는 시진핑 중국 국가주석의 바람을 무시한 것'이라고 지적하였다. 그러면서 북한 정권의 이번 발사를 '나쁘다very bad'라고 비난하였다.

트럼프는 중국 정부가 주장하는 북한과의 대화의 필요성[46]에도 유연한 자세를 보이기도 하였다. 트럼프는 5월 1일 "내가 김정은을 만나는 것이 적

절하다면 나는 전적으로 영광스럽게 그렇게 할 것If it would be appropriate for me to meet with him, I would absolutely, I would be honored to do it"이라고 말하였다.

하지만 6월 들어 두 정상 간 밀월 관계는 흔들리기 시작했다. 트럼프 대통령은 6월 20일 중국의 북한 핵 미사일 해결 노력이 성공하지 못했다고 평가했다. '북한 문제를 도와주려는 중국의 노력을 매우 고맙게 생각하지만 그런 노력은 통하지 않았다While I greatly appreciate the efforts of President Xi & China to help with North Korea, it has not worked out.'

트럼프 행정부는 하나둘씩 중국을 압박하는 조치를 취했다. 미 재무부는 6월 29일 북중 국경지역에 소재한 중국 단둥丹東은행을 '주요 자금세탁 우려 대상'으로 지목하였다. 이와 함께 미 국무부는 6월 29일 대만에 14억 달러 규모의 무기 판매를 승인하였다. 또한 '2017 인신매매 실태 보고서'를 통해 지난해 2등급이었던 중국을 북한과 같은 3등급으로 강등시켰다. 공교롭게도 미 국방부는 같은 달 초반부터 남중국해 내 중국의 인공섬 부근에 군함을 보내 무력시위를 하는 '항행의 자유' 작전도 재개했다.

중국은 미국의 이 같은 조치에 강한 불만을 표시했다. 워싱턴 주재 중국 대사관의 추이톈카이崔天凱 대사는 7월 11일 워싱턴에서 열린 미중 민간 전략 대화 연설에서 미국의 행동이 마라라고에서 타결된 양국 정상 간 합의와 미중 관계의 긍정적 발전 추세에 '위배背道而馳'된다고 비난하였다.

독일 G20 미중 정상 회담

정상 회담을 앞두고 서로 등을 돌린 미중

북핵 문제에 대한 중국의 대북 공조가 트럼프의 기대에 미치지 못하자 중국 정부를 향한 미국의 압박 메시지와 대응이 이어졌다. 미중 사이에 놓인 북한 문제는 종종 미중 양국이 서로의 힘과 영향력을 투사하는 대상이다. 이는 강대국이 직접 충돌하기보다 중간에 놓인 약소국을 통해 '대리전proxy war'을 벌이는 양상으로 이해할 수 있다.

중국도 이에 지지 않고 '미국이 등에 칼을 꽂았다美国在背后捅了我们一刀, 베이징대 국제관계학원 왕동 교수'와 같은 격한 표현을 쏟아내기도 했다. 이러한 신랄한 표현은 '마라라고 정상회담' 이후 이어져온 미중 간 밀월이 사실상 종식되었음을 의미한다.

백악관, 중국 시진핑을 '대만 주석'으로 부름

설상가상으로 미 백악관은 독일에서 열린 미중 정상회담에 앞서 배포한 보도자료에서 시진핑 주석을 '대만 주석'으로 표기하는 외교 결례를 저질렀다. 이는 고의적인 것은 아닌 것으로 보인다. 트럼프 행정부 백악관은 일본 '아베 수상'을 '아베 대통령'으로 잘못 표기하기도 하는 등 호칭 실수를 많이 저질렀다. 결국 미중 관계 악화 속에서 중국이 특히 민감해 하는 대만 문제가 결부됨으로써 이는 회담 분위기 형성에 악재가 되었다.

정상회담 전부터 중국을 압박한 미국

앞서 지적한대로 ▲미 국무부는 미중 정상회담 전인 6월 29일 중국의 대북 공조 노력이 부족하다고 비판하고 ▲같은 날 미 재무부는 중국 단둥은행을 '주요 자금세탁 우려 대상'으로 지목하며 ▲역시 같은 날 대만 무기 판매 계획을 승인하고 ▲그 이틀 전인 6월 27일 연례 인신매매 실태보고서를 통해 중국을 최하 등급으로 강등하였다. 미국 정부 소식통에 의하면 미국의 대만 무기 판매는 사전에 계획된 것이었다. 그럼에도 불구하고 미국의 대 중국 보복 조치가 발표된 같은 날에 대만 무기 판매가 발표됨으로써 중국에 대한 '보복성' 조치로 이해된 측면이 컸다.

현안 타개하지 못한 G20 미중 회담

트럼프는 당시 '모두발언' 중 "미국에게 무역이 매우 중요하다Trade is, as you know, as very, very big issue for the United States"고 말해서 회담의 주제가 어디에 방점을 찍을 것인지를 시사하였다. 그는 시진핑에게 친절한 태도를 보였고, 북한 문제 해결 노력을 위해 중국이 기울인 노력에 감사하다고 하였지만, 북핵 문제가 "나와 당신이 생각한 것보다 더 시간이 걸릴 것It may take longer than I'd like. It may take longer than you'd like"이라고 하였다.

트럼프는 대선 주자일 때 중국이 북한에 대해 '완벽한 컨트롤total control' 능력이 있다는 확신적 발언을 하였다. 이번 발언은 트럼프의 기대가 많이 '하향조정'됐음을 시사한다.

시진핑의 모두발언정상회담에서 모두발언은 언론의 촬영과 접근이 허용된다은 중국 어로 했고 영어 통역이 제공되지 않아 언론에 널리 보도되지 않았다. 하지만 중국 측 소식통에 의하면 당시 시진핑은 '100일 계획' 성과에 대해서 평가했고, 중미 관계에서 '소통'과 '상호 존중'의 중요성을 강조하였다.

트럼프에게 사드 배치 반대를 재천명한 시진핑

미중 회담 시기에 중국 관영 〈인민일보〉를 통해 시진핑이 주한 미군 고고도 미사일 방어체계THAAD, Terminal High Altitude Area Defense 반대를 재천명한 것이 알려졌다. 중국 최고지도자가 직접 사드 반대를 재차 강조한 것이다. 하지만 전반적으로 중국 관영 매체들은 시 주석이 미중 관계 강화는 양국 국민과 국제 사회의 번영과 안정에 도움이 된다고 강조했다고 말했던 점을 집중적으로 소개하였다. 중국은 2017년 가을 19차 당 대회를 앞두고 시진핑이 미중 관계를 안정적으로 관리하는 '능력 있는 지도자'라는 이미지를 국내에 어필하려고 한 것으로 판단된다.

G20에서 관심 못 받아 오히려 '성공'한 시진핑

중국 측 소식통에 의하면 중국 정부는 시진핑 해외 방문 시 중국에서와 같은 철저한 '언론 통제'가 되지 않아 혹 외국 기자들이 시진핑에게 민망한 질문들예를 들어 중국 반체제 인사 류샤오보(劉曉波)에 관한 문제 혹은 북한 핵 문제, 대만 문제, 남중국해 문제, 미국과 무역 갈등 문제 등을 기습적으로 던질까 노심초사했다고 한다.

그러나 G20에서 언론의 관심이 트럼프와 러시아의 푸틴에 집중됨에 따라 시진핑은 상대적으로 관심을 덜 받았고 이에 민감한 문제에 관해서 입장 표명을 하지 않아도 되었다. 오히려 시진핑은 각종 양자 회담을 통해 중국이 유럽의 좋은 파트너이며 파리기후변화협약 준수 의지를 재천명함으로써 ^{트럼프는} ^{파리기후변화협약을 탈퇴하였다} 좋은 이미지를 구축하였다.

'실추'된 미국 위상 현실화

G20는 트럼프가 2017년 6월 1일 파리기후변화협약 탈퇴를 선언한 후 가진 첫 다자간 회의였으며 '실추된' 미국의 위상이 드러난 첫 회의이기도 하였다. 미국 언론들은 회의 기간 중 바쁘게 참가자들과 담화를 하는 다른 국가 지도자들과 대조적으로 '혼자' 덩그러니 앉아 있는 트럼프의 사진을 상징적으로 내보내기도 하였다.

영국 〈파이낸셜타임스〉는 'Trump has pulled off the extraordinary at the G20 – uniting Europe, China, India and the world against America^{트럼프가 G20에서 엄청난 일을 해냈다. 그것은 유럽, 중국, 인도, 그리고 세계가 미국에 대항하여 단결하게 만든 것이다}'고 비꼬았다. 미국 전 국무장관 매들린 올브라이트^{Madeleine Albright}는 G20를 평가하며 "The United States used to be the indispensable nation, now we are the dispensable nation^{미국은 한때 필수불가결한 국가였으나 지금 우리는 없어도 되는 국가가 되었다}"고 개탄했다.

악화 되는 미중 관계

미중 양국은 G20 회의를 마친 후 워싱턴에서 가진 미중 고위급 경제회담^{마라라고 회담에서 결정한 후속 조치}에서도 애초 계획되었던 기자회견마저 취소하는 등 불협화음을 겪었다. 미중 경제 회담이 실패로 돌아가자 윌버 로스^{Wilbur Ross} 미 상무장관은 8월 1일 비관세 무역장벽까지 포함한 중국의 불공정 무역 관행을 비난하며, 이를 없애기 위해 가능한 모든 수단을 동원하겠다고 밝혔다. 미국은 구체적으로 '통상법 301조'를 중국에 적용하는 조치를 고려하고 있다^{통상법 301조는 특정 국가를 불공정 무역 관행국으로 지정한 뒤 1년간 협상에서도 성과가 없으면 바로 관세 등으로 보복할 수 있도록 규정되어 있다}.

미국의 대중 무역제재

미국 언론에 따르면 트럼프는 중국의 지적재산권 도용 등 불공정 무역 관행과 관련 대중 무역제재안을 고려하기 시작했다. 트럼프는 7월 29일 "나는 중국이 매우 실망스럽다. 우리^{미국}의 어리석은 과거 지도자들은 중국이 무역에서 한 해에 수천억 달러를 벌어들이게 했다"면서 "^{하지만} 그들은 우리를 위해 북한에 아무것도 하지 않는다. 우리는 이런 상황이 계속되는 걸 용납할 수 없다"고 중국을 신랄하게 비난하였다.

도표 17. 미중 간의 무역전쟁 현황

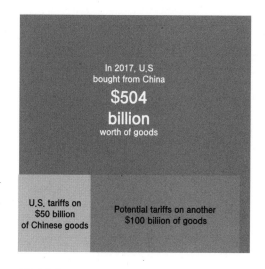

자료: U.S. Census Bureau
출처: Avi Salzman and Evie Liu, "The Brewing U.S.-China Trade War, Explained in Charts", Barron's, 2018.4.9.

중국의 반발

중국은 〈환구시보〉를 통해 '미국이 북한의 핵미사일 위협에 대한 비난을 중국에 돌리고 있다'면서 '전혀 도리에 맞지 않는 처사'라고 맞섰다. 특히 미국이 주장하는 소위 북핵 문제 '중국책임론'에 대해 '결연히 거절堅決拒絶'한다고 표명하였다.

트럼프 전략에 말려들지 않으려는 중국

마라라고 회담 후 트럼프가 트위터에 공개한 미중 간의 '거래'는 시진핑이 북핵 문제를 '해결'해주는 대가로 미국이 중국을 '환율 조작국'으로 지정하지 않는다는 것이었다. "내가 왜 중국을 환율 조작국으로 불러야 하는가? 중국은 북한 문제에 있어 우리와 협조하고 있다Why would I call China a currency manipulator when they are working with us on the North Korean problem?." - 트럼프 트 위터, 2017.04.16

하지만 중국 인사들은 당시 트럼프가 마라라고 회담에서 미중 사이에 모종의 거래가 있었던 것은 트럼프의 연출이고 사실은 그게 트럼프의 전략이라고 본다. 다시 말해 원래 그러한 거래가 없었는데 마치 있는 것처럼 트럼프가 언론에 호도한 것이라고 주장한다. "마라라고 회담에서 미중이 북한 문제에 있어 거래를 한 것 아니냐고 물었더니, 중국 측이 어이없다는 듯 그냥 웃더라." 최근 중국 측과 만난 한 인사의 전언

G-제로 시대

지금까지 2017년 4월초 마라라고 회담부터 2017년 8월초까지 미중 관계와 한반도 현안을 되짚어보았다. 미중 관계를 분석할 때 중국학자들은 종종 세 가지 요소가 양국 관계를 지탱한다고 본다. 그것은 ▲상호 무역 의존도 ▲지도자 사이의 개인적 친분 ▲양국 국민들 사이의 호감도이다. 트럼프 행정부가 들어서고서 중국 측 전문가들은 특히 양국 지도자 사이의 개인적 친분에 더 비중을 두고서 보고 있으며 트럼프와 시진핑이 개인적으로 양호한 관

계를 유지할 수 있을 때 양국 관계는 무리 없이 원만히 유지될 것이라는 시각을 견지하고 있었다.

하지만 트럼프와 시진핑의 '짧았던 브로맨스'는 양국 관계가 단지 지도자 사이의 호감으로만 결정되는 것이 아니라 오히려 다른 요소들, 즉 국가 간 '구조적'인 요소들에 더 영향을 받을 수 있다는 해석에 무게를 실어주고 있다. 이를 계기로 미중 관계를 사안별로 일희일비할 것이 아니라 조금 더 큰 흐름과 구조적인 측면에서, 또 그 구조에 영향을 주는 '시대정신'을 살펴볼 필요가 대두된다. 특히 협력보다 경쟁 쪽으로 미중 관계의 축이 기우는 이 시점에서 미중 협력 G2 시대가 아직 요원한 것이라면 그 상대점에 있으며 요즘 많이 인구에 회자되는 G-제로 시대를 살펴볼 필요가 있다.

G-제로라는 용어는 국제 사회에서 힘의 구심점이 사라져 결국 '리더 부재의 세계'가 되는 것을 일컫는다. 이것의 원인으로는 ▲미국을 위시한 서구 선진 국가들의 쇠퇴 ▲개발도상국들의 자국 중심주의가 있다.

다시 말해 서구를 대표하는 미국의 쇠퇴로 생긴 '리더십 공백'을 개발도상국을 대표하는 중국이 채워주지 못하여 국제 질서가 표류하게 되는 것이다. G-제로 용어의 고안자는 스탠포드대 출신으로 정치컨설팅회사인 유라시아그룹을 창립한 이언 브레머와 전 미국 CIA 및 국무부 공직자 출신인 데이비드 고든David Gordon으로 알려져 있다.

'G-제로'라는 용어 이전에 사용된
'프러네미'는 정확한 성격 규정이었는가?

프러네미의 형성

전문가들은 중국의 부상과 함께 세계적인 긴급 사안들을 더 이상 미국 혼자 해결하기에는 벅차다고 보고 2010년경 미국과 중국이 G2라는 협의체를 만들어 선진국과 신흥국들을 하나로 모아야 한다고 했다. 당시 역사학자 니얼 퍼거슨은 미중 관계를 '프러네미frenemy=friend+enemy'로 묘사하기도 하였다.

프러네미라는 용어는 퍼거슨이 만든 용어가 아니다. 이는 1953년 냉전 시기 미국과 소련의 관계를 빗대어 미국의 〈네바다주저널Nevada State Journal〉 속 칼럼에 쓰인 표현으로 후에 널리 퍼졌고, 이후 중국의 부상에 따라 미중 관계가 '협력과 경쟁'의 노정을 거침에 따라 미중 관계를 형용할 시에 종종 사용된다.

프러네미 리스크

하지만 2010년 9월 UN 총회 연설에서 당시 원자바오溫家寶 중국 총리는 "중국은 아직 사회주의 초기 단계에 있으며 여전히 개발도상국이다. 이것이 중국의 실제 상황이고 솔직한 모습이다"고 하였다. 이는 공산당 권력 유지가 지상 최대의 관심사인 중국이 글로벌 리더십에 따르는 커다란 희생을 외면하는 모습을 보여줬다.

또 다른 예로, 2011년 유럽의 채무 위기가 악화되고 있는 상황에서 자국의 부채 문제로 정신이 없던 미국 정부는 유럽 국가들을 도울 엄두조차 내지 못했다. 같은 해 10월 당시 프랑스 대통령 니콜라 사르코지^{Nicolas Sarkozy}는 유로존을 살리기 위해 결국 중국 정부에 손을 내밀었다. 중국 정부는 혼자 도울 경우 위험 부담이 크다고 판단하고 중국 정부 혼자가 아니라 여러 국가가 참여하는 '다자 간 협력'일 경우만 돕겠다고 선을 긋고 프랑스의 도움 요청을 거절하였다.

국제사회 책임을 서로 미루는 프러네미 미중

프러네미 관계는 종종 'friend' 측면에 더 비중을 두는 것으로 미중 관계가 티격태격하지만 궁극적으로 'enemy' 측면보다 'friend' 측면이 더 많다는 것에 비중을 더 둔다. 하지만 이러한 설명은 '프러네미' 현상이 국제 사회에 부과하는 리스크를 간과한 측면이 있다. 특히 국제적으로 중요한 사안을 두고 이에 대한 책임을 상대방에게 전가할 수 있다. 북핵 문제가 대표적이다. 미국은 중국 책임론을 들어 중국이 북핵 문제를 풀어야 한다고 하고, 중국은 반대로 북핵 문제의 근본은 북미 갈등이라며 미국이 풀어야 한다고 팽팽히 맞서고 있다.

리더 부재의 세계

이러한 상황에서 세계는 지금 미국 단극 시대에서 중국 단극 시대로 가는 것이 아니고 그렇다고 미국 단극 시대가 왕성하게 유지되고 있는 것도 아니다. 결국 미국도 중국도 유일한 슈퍼 파워가 아닌 '리더 부재'의 시대로 가고 있다. 이는 현재 세계가 G-제로 시대로 가고 있음을 의미한다. 한편으로는 미국이 냉전 종식 후 글로벌 리더십을 양도하고 있고, 또 한편으로는 중국이 가까운 장래에 미국을 추월하지는 못해 글로벌 '리더십의 공백' 기간이 발생하는 것이다.

중국의 부상을 '관리'하지 못하는 미국

이러한 상황에서 미국은 부상하는 중국을 미국이 주도해서 만든 '질서'와 '규범' 안에 가두어 두는 데 갈수록 버거움을 느끼고 있다. 중국도 나름대로 많은 심각한 정치·경제적 문제에 직면해 있지만 미국을 넘어서 세계 경제 최강국이 되리라는 건 거의 확실하다는 내부적 자부심을 갖고 있다. 중국 관방 인사들이 국제회의에서 '중국은 여전히 개발도상국이다'라고 겸손을 표하는 것과는 별개로 중국 내 인사들과의 인터뷰는 중국이 미국을 대체해 아시아를 주도하는 국가로 나서겠다는 의지가 매우 확고함을 보여주고 있다.

스스로 미국 최초의 '태평양 대통령'이라고 칭한 오바마 전 대통령이 '아시아 중심' 정책을 통해 이 같은 중국의 도전을 막아보려 대응했지만 실패했다는 평가를 받는다. 오바마 시대에 미국은 중국의 도전에 맞서는 강한 결의를 보여주지 못했고 그 결과 아시아 내 미국의 지위는 약화되었다. 트럼프 대통령 역시 중국의 야망을 저지하는 데 전혀 관심을 보이고 있지 않고 '고립주의'로 가고 있는 것이 사실이다. 비록 2019년 현 시점에서 미국이 미중 무역 전쟁에서 우세한 모습을 보이고 있기는 하지만 큰 틀에서 역내 미국의 영향력 약화는 가속화되고 있다.

트럼프는 미국 지도력 쇠퇴의 '원인'이 아니라 '결과'

트럼프 이전에 시작된 미국의 '쇠퇴'

흔히 트럼프 현상은 미국 사회를 대표하는 것이 아닌 잠시의 일탈 행위로 묘사된다. 트럼프의 성공은 '러스트 벨트rust belt, 미국 북동부 5대호 주변의 쇠락한 공장지대' 표심을 잘 공략한 전략 덕분이지 미국인들의 심정을 대표하는 것은 아니라는 의견이 존재한다. 예를 들어 힐러리 클린턴이 선거인단 득표에서는 졌지만 절대적인 투표수에서 오히려 트럼프보다 200만 표 이상 더 받은 사실은 이러한 견해를 뒷받침해주는 근거로 사용되기도 한다.

하지만 하버드대 중국 전문가 윌리엄 오버홀트는 국제 사회에서 미국 지도력의 후퇴는 트럼프의 등장으로 시작된 것이 아니라 그 이전에 이미 시작된 것이라고 진단한다. 이 논리에서 고찰하자면 트럼프는 미국 쇠퇴의 '결과'이지 '원인'이 아니라는 것이다. 다시 말해 트럼프의 등장은 아이러니하게도 미국의 시대정신을 대표한다.

이렇게 등장한 트럼프는 '미국 우선주의'라는 미명 하에 국제 통상, 기후

변화, 그리고 그의 동맹국들을 홀대하는 모습을 보여주고 있으며 이를 통해 미국의 국제적 위상과 영향력 퇴락을 가속화하고 있다. 역으로, 중국의 입장에서는 트럼프라는 미국 지도자의 등장이 중국의 부상을 가속화하는 절호의 기회로 보고 있다. 예를 들어 전 중국 외교관이었던 우정롱吴正龙은 2017년 8월 1일 〈환구시보〉 칼럼에서 '세계정세의 판이 흔들리고 있다. … 이것은 위기의 시대이기도 하고 기회가 충만한 시대이기도 하다'라고 썼다. 이와 반대로 애슈턴 카터Ashton Carter 전 미국 국방부장관은 최근 국제 사회에서 중국의 거친 행위를 지적하며 중국의 그러한 굴기 모델은 성공하지 않을 것이라고 하였다.[47]

■ 트럼프가 미국의 고립주의 '시대정신'을 발현하는 지도자라면 그 흐름은 트럼프의 전임자들 시절부터 점차적으로 드러난 것일 것이므로 그것을 살펴볼 필요가 있다.

미국 외교 '고립주의' 강화의 역사

빌 클린턴 행정부1993~2001년

빌 클린턴이 대통령으로 당선된 시기는 냉전의 종결과 함께 미국인들이 국외 문제보다 국내 문제에 더 관심을 가지게 된 시기와 맞물린다. 미국인들은 특히 경제 문제에 더욱 관심을 가지게 되었다. 하지만 소말리아에서 내전이 발생하자 클린턴은 이에 대한 개입이 미국의 세계 리더십의 건재를 증명하는 기회라고 봤다.

클린턴은 연설에서 종종 '국제 사회가 위기에 처했다'라고 했고, 인도주의적 관점에서 해외 분쟁에 개입하면 미국 국민들의 지지를 받을 거라 기대했다. 그러나 오히려 국내적 비판에 직면하였다. 특히 소말리아 작전이 실패하고 18명의 미국인 사망자가 발생하자 미국 사회에서 해외 분쟁 개입에 대해 다시 생각해 보는 계기가 되었다.

중국과 관련해 클린턴 대통령은 "민주주의가 세계를 무역하기에 안전하게 만드는 것처럼 통상의 증가가 민주주의를 펼치는 데 도움이 된다Just as democracy helps make the world safe for commerce, commerce helps make the world safe for democracy"라고 설파하였다. 그러면서 중국의 세계무역기구 진출을 지지했다. 이러한 논리로 그는 통상의 증가가 중국을 더욱 개방으로 이끌고 중국공산당의 중국 경제에 대한 통제권이 서서히 이완되면서 중국 사회가 더욱 민주적으로 발전되고 공산당이 중국 사회에 대한 통제가 약화되면 중국 인권 문제도 향상되리라 보았다.

공화당 소속 다나 로라바커 하원의원은 이러한 미국의 대 중국 정책이 '멍청한 정책'이었고 미국이 중국에 대해 정치 개혁을 요구하지 않고 오히려 경제대국으로 만들었다고 보았다. 그는 심지어 "우리가 중국이란 괴물을 만들어 냈다We created a monster"[48]라고 미국의 중국에 대한 전략적 오판을 신랄하게 비판했다.

조지 부시 행정부^{2001~2009년}

클린턴의 뒤를 이은 부시 대통령은 2001년 '테러와의 전쟁'을 선포했다. 당시 9·11 사건은 미국 사회에 너무나도 충격적이었다. 당시 딕 체니^{Dick Cheney} 부통령은 전쟁을 치르느라 "적자가 생겨도 상관없다^{Deficits don't matter}" 란 유명한 발언을 하기도 했다.

하지만 테러와의 전쟁은 미국의 힘에 한계가 있음을 오히려 일깨워주었다. 부시 대통령 임기 동안을 한정해 조사한 퓨리서치센터의 결과 발표는 미국의 이미지가 크게 손상되었음을 보여주었다. 즉 미국은 환영받지 못한 자신을 발견한 것이다.

이러한 과정을 겪으면서 미국 외교는 부시 행정부의 일방주의보다 다른 국가들과 공조를 취하는 다국적주의로 선회하였다. 이러한 변화는 궁극적으로 미국의 세계 영향력 축소의 노정이기도 하다.

버락 오바마 행정부^{2009~2017년}

미국 발 금융 위기 기간에 시작한 버락 오바마의 집권은 미국이 슈퍼 파워라는 스스로의 인식에 크게 손상을 입은 채 시작하였다. 미국인들은 정부가 해외에서 벌이는 전쟁과 거기에 사용하는 비용에 대해 이전보다 더욱더 비판적인 태도를 보였다. 이런 상황에서 오바마 행정부의 관심은 자연스럽게 국내 정치에 집중되었다.

그는 종종 연설에서 미국의 건재한 리더십을 강조하곤 하였는데 그의 비판가들은 그것이 오바마의 속마음이 아니었다고 주장하기도 한다. 그들은 오바마가 실제로는 미국이 국제 사회 리더가 되는 것을 믿지 않았다고 주장한다. 예를 들어 화학 무기를 사용한 시리아에 '레드 라인'을 그어놓고 행동하지 않았던 것처럼 오바마는 많은 경우 고민하는 햄릿Hamlet처럼 좌고우면했지 미국이 나아가야 할 확실한 비전을 제시하지 못한 리더였다는 분석이 나오고 있다.

이는 중국, 북한 같은 나라들이 더욱 미국의 권위에 도전하거나 미국의 경고를 무시하는 계기를 마련해주었다. 부시 행정부를 이어받은 오바마 행정부는 외교 정책에 있어서도 미국의 세계 경찰 역할에 더욱 뚜렷한 거부감을 표시했다. 미국인들은 경제 회복, 전쟁 끝내기, 새로운 전쟁 시작하지 말기 등 고립주의 경향을 보이기 시작했던 것이다.

하지만 이 시기에 주목할 만한 예외적인 외교 전략 변경이 있었는데 바로 중국의 부상을 억제하기 위해 '아시아 재 균형 정책'을 시작한 것이다. 하지만 이 전략은 궁극적으로 실패하였고이 역시 전문가들은 미국이 군사력을 사용하기를 너무 주저했기 때문이라고 보기도 함 중국은 오히려 미국이 쇠퇴를 인정하고 슈퍼 파워 리더십을 나누는 신형대국관계를 미국에 요구하기 시작했다.

트럼프 등장은 미국 시대정신의 반영

외교 경험이 없는 미 대통령이 연속 당선되는 현상

현재 미국인들은 세계 전쟁이나 냉전에 직면해 있지 않은 시기를 살고 있기 때문에 외교 분야에 덜 관심을 가지게 되었다. 이러한 성향은 그들이 대통령을 뽑을 때도 투사되었다. 최근 미국 대통령인 빌 클린턴, 조지 부시, 버락 오바마, 도널드 트럼프를 보면 대통령이 되기 전까지 이들 모두는 외교 경험이 일천하거나 심지어 트럼프처럼 아예 전무하기도 하다.

미 의회도 고립주의 경향 반영

이러한 고립주의 경향은 미국 의회도 마찬가지이다. 예를 들어 냉전 시기 미국 의회는 ^{팽창주의의 상징인} 군사 분야에 대해 후하게 자금을 지원하였다. 하지만 상대적으로 외교를 담당하는 국무부나 해외 경제 원조 예산은 삭감되었다. 이러한 상황은 냉전 종식 후 일관적으로 가속화되어 진행되었다. 국무부 예산의 30%를 삭감한 트럼프는 이러한 경향을 극대화하여 보여준 면이 있다_{반대로 트럼프는 국방부의 예산은 증가시켰다. 냉전 시기처럼 말이다}. 그러나 중요한 점은 그가 미국적 상황의 '예외exception'가 아니라 '반영reflection'이라는 점이다.

미국 외교 영향력의 하향적 조정

외교 경험이 전무한 트럼프 같은 인물이 미국 최고 지도자로 선출되고, 그가 국가 전략과 외교에 관심을 갖지 않는 상황에서 미국이 국제 영향력을 잃어가는 것은 당연한 귀결이다.

트럼프의 동맹국 홀대

게다가 트럼프 행정부에 들어 미국이 동맹들을 홀대함에 따라 역으로 이러한 국가들이 미국을 '신뢰할 수 없는 동맹unreliable ally'으로 여기는 인식이 확산되고 있다. 이에 따라 미국과의 연대에서 이탈하여 중국에 기우는 국가들이 생기고 있다. 일부 지역 국가들은 남중국해, 자유 무역 등의 이슈에 있어 중국의 입장에 더욱 눈치를 보게 되는 현상이 등장한다.

호주의 '탈 미국' 경향이 주는 정치적 상징

미국의 쇠퇴와 중국의 부상으로 양쪽 사이에서 균형 포지셔닝에 어려움을 겪는 국가들이 등장하였다. 호주가 대표적이다. 혹은 필리핀처럼 미중 사이에 기회주의 외교를 펼치는 국가도 존재한다. 특히 주목할 점은 미국과 중국 사이에서 호주가 어떤 쪽을 선택해야 하는가에 대한 '거대 담론'이 근년에 꾸준히 제기되고 있다는 사실이다. 호주는 미국인들에게 같은 영어권 국가Anglophone로서 역사적/문화적 연계로 자연스런 친밀감을 공유하고 있으며, 미국 또한 호주를 아시아에서 가장 믿음직스런most faithful 동맹으로 여기고 있었다. 그러므로 호주가 미국의 동맹권/영향권에서 벗어나는 것은 실체와 상관없이 그러한 결과가 주는 상징성과 그것이 가져올 미국 동맹 네트워크 와해에 대한 우려를 제기한다. 트럼프의 인기가 호주에서 특히 낮은 것도 이와 같은 우려를 더한다.

트럼프 이후의 미국이 달라질 가능성은 낮은 것으로 전망

트럼프는 미국 고립주의, 지도력 상실의 '결과'로 등장한 인물

트럼프가 미국 지도력의 상실을 야기한 것이 아니라 반대로 미국 지도력 상실의 결과로 등장한 인물이라면, 현 미국 지도력 쇠퇴는 트럼프 개인의 문제가 아니라 미국 사회의 문제라 볼 수 있다. 그렇다면 트럼프 이후 미국 대통령도 크게 달라지지 않을 것으로 전망된다. 한편 미국이 아시아 문제에 적극 개입하겠다는 결의를 여러 차례 밝혔지만 미국이 라이벌인 중국으로부터 역내 리더십을 지키기 위해 비용을 지불하고 리스크를 감내하겠다는 어떤 증거도 찾기 어려운 것이 현실이다.

전문가들은 미국이 향후 10년 또는 20년 사이에 아시아에서 철수하는 상황이 실제 일어날 가능성도 염두에 두어야 한다고 주장한다. 미국의 철수는 아시아 지역 질서에 엄청난 불안정을 초래하는 가운데 중국이 경제적으로, 전략·정치적으로 이 지역을 지배할 것임을 의미한다. 그때가 되면 아시아 모든 국가들은 중국의 힘의 무게에 맞서 국가 이익을 어떻게 지켜야 하는가를 심각하게 고민해야 한다.

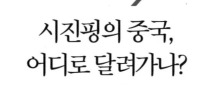

시진핑의 중국,
어디로 달려가나?

시진핑이 이끄는 중국의 시대정신

강군 정책

시진핑은 2012년 11월 ▲공산당 총서기로 그리고 2013년 3월 ▲국가주석과 ▲중앙군사위원회 주석의 자리를 꿰참으로써 중국의 '삼위일체' 권력을 모두 장악하게 되었고 명실상부한 중국의 절대 최고 지도자 자리를 굳혔다. 여기서 특이사항이라 함은 시진핑은 그의 전임인 후진타오와 달리 옹립과 동시에 군권을 장악한 것이다.

그는 특히 '싸우면 이기는 군대能打胜仗'를 강조하여 강군 정책을 추진하였다. 이를 위해 실전 훈련을 빈번하게 펼쳤고 금주령을 강화하는 등 군대 내 규율을 강화하였으며 전 중앙군사위원회 부주석인 쉬차이허우^{徐才厚}와 궈보슝^{郭伯雄} 등 군 고위 지도급을 물러나게 하는 군 개혁을 실시하였고 심지어 자신이 직접 진두지휘하기 위해 '국방 · 군대 개혁심화 영도소조'를 만들어 스스로 조장에 올랐다.

군 현대화 정책 추진

시진핑은 230만 명이던 인민해방군을 2017년 말까지 200만 명으로 줄이면서 군대의 '군살'을 빼는 작업으로 육군을 줄이고, 현대전에 더욱 적합하게 해군과 공군을 강화하는 작업을 진행하고 있다. 군살은 빼고 근육은 키우는 것이다. 이는 다분히 미군을 염두에 두고 진행하는 군 개혁이다.

공산당의 군에 대한 절대적 영도 강조

2017년 7월 30일, 건군 90주년 열병식 연설에서 시진핑은 도열해 있는 군인들을 향해 "여러분은 흔들림 없이 '당의 군에 대한 절대적 영도'라는 기본 원칙과 제도를 견지해야 하고, 영원히 당의 이야기에 귀 기울이고, 당과 함께 나아가고, 당이 어디라고 지휘하면 그곳으로 진격해야 한다你们要坚定不移坚持党对军队绝对领导的根本原则和制度, 永远听党的话, 跟党走, 党指向哪里, 就打到哪里"라고 하였다. 열병식에서 행사 순서 중 공산당 깃발이 중국 국가 깃발보다 앞서 나온 이유 역시 중국의 군대는 국가의 군대가 아니라 공산당의 군대라는 중국 특색의 제도를 반영한 것이다.

중국의 '핵심 이익' 강조

중국공산당 문건에 의하면 '핵심 이익'이란 중국이 지정한 세 가지 이익 핵심 이익, 중요 이익, 일반 이익 중에서 가장 상층에 있는 이익이며, '국가의 생존国 家的生存'이 달려 있기에 '타협의 여지가 없는不容妥协' 이익이라고 설명하고 있다. 중국의 핵심 이익은 크게 ▲중국의 공산당 통치 정치 체제 유지 ▲주권 및 영토 수호 ▲중국 사회 및 경제 발전이라는 세 가지의 다소 추상적인 개념으로 구성되며 중국의 국력이 커짐에 따라 그 리스트에 포함되는 항목이 증가하고 있다. 예를 들어 남중국해를 둘러싼 분쟁이 격해지는 과정에서 중국은 2010년 남중국해를 핵심 이익으로 선포하였다.

여기에 더해 시진핑은 공산당 총서기로 등극하고 나서 2014년 '해양강국海洋强国' 전략을 선포하였다. 따라서 남중국해 같은 경우 미중 간에 충돌이 발생할 시 중국의 양보 여지를 아예 스스로 없애버린 배수진을 친 셈이 되었다. 즉 긴장 관리 실패 시 충돌 가능성이 더 커졌다는 것이다. 시진핑은 2016년 7월 1일 중국공산당 창당 95주년 기념식에서 "어떤 외국도 우리가 '핵심이익核心利益'을 거래할 것으로 기대하지 말라"고 밝혔다.

주변국과 영토 분쟁 증가

핵심 이익을 강조하고 강경한 모습을 보이는 중국 외교의 민낯이 드러난 것 중의 하나가 한국에 있어서 사드 배치 문제이고 또 하나는 필리핀과의 영토 분쟁이다. 시진핑은 2017년 5월 1일 베이징에서 열린 로드리고 두테르테 필리핀 대통령과의 정상회담에서 영유권 분쟁 지역인 남중국해에서 필리핀의 석유 시추 결정과 관련해 전쟁 가능성까지 언급하며 석유 시추 중단을 강력하게 압박하였다. 당시 두테르테 대통령은 귀국 후 언론과의 인터뷰에서 시진핑을 인용하며 "필리핀이 분쟁 해역에서 석유 시추를 강행한다면 진실을 말할 수밖에 없는데, 중국은 전쟁에 나설 것이다. 당신과 싸울 것"이라고 위협했다고 전했다.

두 개의 백 년: 경제력, 군사력을 바탕으로 한 패권의식 드러냄

중국엔 소위 '두 개의 백 년兩個一百年' 목표가 있다. 첫 번째 백 년은 중국 공산당 성립 100주년을 맞이해 '전면적 소강사회중산층 사회 건설全面建成小康社会'이고 두 번째 백 년은 신 중국 성립1949년 백 주년이 되는 2049년까지 시진핑이 주창한 '중화 민족의 위대한 부흥의 꿈'을 실현하는 것이다.

중국'굴기'崛起의 기본적인 단계를 완성했다는 자긍심

시진핑의 중국은 중국의 강대국화 부상 과정에서 기본적인 '굴기'를 완성했다[49]고 판단하는 자신감을 지니고 있다. 중국이 이렇게 스스로 느끼는 '국운 상승'에 대한 집단의식이 어떻게 외교 행위에 투사되는지 주목할 필요가 있다.

중화 민족의 위대한 부흥의 꿈

'중국을 다시 위대하게'라는 문구가 구체적으로 뜻하는 바는 다음과 같다. 첫째, 서방 열강이 침략하기 전에 그랬던 것처럼 중국이 아시아에서 지배적인 위치로 복귀하는 것. 둘째, 대륙의 신장과 티베트뿐 아니라 홍콩과 타이완을 포함한 대 중화Greater China 영역에 지배력을 구축하는 것. 셋째, 인접한 국경과 영해 지역에 역사적으로 누려왔던 영향력을 회복해서 다른 국가들이 중국을 존중하게 하는 것. 마지막으로 국제 무대에서 다른 강대국들의 존경을 얻는 것. 중국이 한국의 사드 배치에서 드러내는 태도와 남중국해 영유권 분쟁에서 하는 행동을 보면 정확히 이런 목표와 부합한 것을 볼 수 있다.[50]

'미국을 다시 위대하게'라는 슬로건을 걸고 미국 대통령으로 당선된 트럼프와 '중화 민족의 위대한 부흥'이라는 기치를 든 시진핑의 조합은 '강 대 강'이다. 2017년 7월 공개된 중국과 미국의 정부 인사 및 학자들이 참여한 연구 중 중국 측 보고서에 의하면 중국도 미국과 '규범 경쟁規則之爭' 심화와 '전략적 오판 위험戰略误判的风险' 발생 가능성을 미중 관계 위험 요소로 지적하고 있는 데 주목할 만하다.

중국이 '선'을 긋고 양보 불가 천명

시진핑은 일찍이 2014년 3월에도 "우리는 평화를 원한다. 하지만 그것 때문에 국가 핵심 이익을 희생하지 않겠다希望和平, 但决不牺牲国家核心利益"라고 천명하였다. 처음부터 미리 자국의 기준과 한계 마지노선을 정하고 상대국의 양보 또는 항복을 요구하는 패권주의적인 태도를 보여준다. 더 큰 문제는 중국의 이러한 태도가 중국의 외교 영역에서 갈수록 더 반영되고 있다는 것이다.

사드 문제의 경우에도 중국은 처음 한국에게 배치 연기를 타협선으로 제시하기도 하였지만 중국이 사드에 대응할 수 있는 무기 체제를 개발할 수 있는 시간적 여유를 벌기 위한 목적이었음. 중국은 후에 '러시아판 사드'라고 불리는 최첨단 방공 미사일 S-400 도입을 추진하고 있다 나중에 가서는 사드 문제 역시 '중국의 핵심 이익을 침해'하는 사항이라고 표현하기 시작하였다. 이처럼 중국의 핵심 이익 조항을 사드 문제에 확장시키면서 더욱 완강하고 비타협적 태도를 취하고 있다.

세계가 '중국의 부상'을 받아들이고 적응해야 한다는 인식

중국이 경제, 정치, 군사적 힘 등 거의 모든 분야에서 지각 변동과 같은 변화를 겪으면서 중국의 국제적 위상도 이와 함께 바뀌고 있다. 시진핑의 중국은 국제 사회도 이러한 변화된 중국을 받아들이거나 혹은 받아드리게끔 해야 한다는 인식을 갖고 있다.[51]

미국에 대해 '신형대국관계'新型大國關係 요구

2013년 서니랜즈 회담에서 중국 측은 공동 성명에 자신이 제안한 '신형대국관계' 단어를 집어넣고자 했으나 미국이 거부하였다. 이는 미국이 중국을 동급으로 인정하지 않겠다는 의지의 표현이다. 하지만 중국 측은 미국이

어떻게 생각하는지에 상관없이 양국 관계는 '이미' 신형대국관계 구축 노정에 들어섰다고 본다.[52]

'평화롭지 않은 천하'에 대한 시대적 인식

시진핑은 2013년 4월 보아오포럼BFA, Boao Forum for Asia 개막식 연설에서 "천하가 여전히 평화롭지 않다天下仍很不太平"라 진단했고, 2015년 9월에 열린 열병식박근혜 전 대통령 참석에서도 "세계가 여전히 평화롭지 않다世界仍很不太平"라고 말했다. 시진핑은 2017년 7월 30일 건군 90주년 열병식 연설에서도 다시 "천하가 평화롭지 않다天下并不太平"라는 발언을 반복하였다. 이는 다분히 미중 관계를 의식한 발언으로 볼 수 있다.

시진핑의 중국이 바라보는 미중 관계

미국에 대한 갈등과 위협 인식 증가

2016년 10월 미국 퓨리서치센터가 발표한 중국인 설문조사에 의하면 중국인 중 29%만이 '미국이 중국의 굴기를 받아들일 용의가 있다'고 믿고 있다. 52%의 중국인은 '미국은 현재 중국이 미국과 자웅을 겨룰 만큼 대국으로 성장하는 것을 저지하려 하고 있다'고 대답했고, 45%의 중국인은 '미국이 중국의 가장 큰 국제 위협'이라고 답하였다. 마지막 질문에 대한 답은 2013년

조사 때보다 6%가 증가한 수치이다.

중국에서는 미국을 '전 세계에서 유일하게 우리 중국의 정치 제도를 근본적으로 바꿀 수 있는 능력을 가진 나라'로 보는 원초적인 우려가 있다. 이와 반대로 미국에서는 중국을 '전 세계에서 유일하게 미국인의 삶을 근본적으로 변화시킬 수 있는 나라'라는 원초적 걱정이 존재한다.

미국 일방주의 국제 리더십 비판

2016년 7월 중국공산당 성립 95주년 기념식 연설에서 시진핑은 어떠한 국제 질서가 세계에 도움이 되는지는 각 국가의 인민들이 토의해서 결정할 일이지, "한 가정이나 소수의 사람들이 결정할 일이 아니다不能由一家说了算，不能由少数人说了算"라고 하여 미국과 서방을 간접적으로 비판하였다.

현실주의에 입각한 공격적 외교

시진핑은 현실주의에 입각해 강한 힘을 숭상하고 과거 중국 지도자와 비교했을 때 훨씬 공격적이라는 평가를 받는다.

미국과 협력보다 '중국꿈' 실현에 방점

미국과의 관계도 협력보다는 중국몽을 실현하는 데 더 방점이 찍혔다. 그렇기 때문에 핵심 이익에 있어서도 미국에 양보하지 않겠다는 것이다.

시진핑의 대외 전략, '매파'가 주도

시진핑 대외 전략을 주도하는 사람들은 군부와 당이 중심으로 되어 있다. 전임인 후진타오 시대에는 외교부 같은 '비둘기파'가 중심으로 되어 있었는데 시진핑 시대로 들어서 '매파'가 주도하는 것이다.[53]

중국은 미국의 전략 중심이 중동에서 '아시아 리밸런싱'으로, 즉 중국을 겨냥하는 방향으로 이동 중이라 보고 있다. 이에 대해 중국이 대응을 안 한다고 해서 미국이 중국을 고립시키려 하지 않는 것이 아니기 때문에 오히려 중국은 수동적인 태도를 취할 것이 아니라 더 세게 나가야 한다는 담론이 시진핑 시대에 주류로 등장하고 있다. 그러므로 북핵, 사드 문제에 있어서도 중국이 자기 목소리를 내면서 미국의 압력에 굴복하지 않는 것이다. 결국 시진핑이 국가 주석으로 취임한 2013년 이래 현재까지 시진핑이 보는 세계는 '평화롭지 않은 세계'로서 미국과의 경쟁을 의식한다.

이는 다시 중국공산당의 시대정신을 반영한다. 시진핑이 취하는 정책에서 엿보이는 시대정신은 현재 중국공산당이 생각하는 대국굴기 시대정신, 위기의식, 기회의식과 일치한다. 다시 말해 '1인 영도체제'를 강화하고 있다는 최근 주류 분석에 따라 외교에 있어 개인플레이를 하는 것이 아닌가 하는 해석이 나오고 있지만, 사실 그가 실행하는 개혁과 외교 정책은 중국공산당의 시대정신을 반영하는 것이라는 해석도 가능하다. 그렇다면 시진핑은 사실상 중국공산당의 '충복忠僕'이며 그가 실행하는 개혁들이 공산당 원로들의 든든한 후원과 지지를 받고 있다는 주장도 가능케 한다.

중국을 관리하는 데 갈수록 어려움을 겪는 미국

미국의 제한된 정책 옵션

미국의 군사력이 여전히 중국보다 월등히 높은 상황에서도 미국은 외교적 수사학으로 중국을 비판하는 '소극적' 대응을 취하고 있다. 이유는 중국과의 군사적 충돌을 자제하려는 의지가 중국과 충돌하려는 의지보다 강하기 때문이다.

미국은 중국에 대한 억제 수단으로 '수사적 압력rhetorical pressure'과 물리적 수단인 '미 해군 제7함대'를 가지고 있다. 제7함대는 미중 간에 무력 분쟁 발생 시 가장 먼저 투입되는 주 병력이다.

하지만 미국은 미중 간 충돌이 전면전으로 악화될 소지를 염려해 이러한 군사적 충돌을 자제하려고 한다. 즉 중국을 다룸에 있어 '말'로는 통하지 않고 그렇다고 하여 중국에 대해서 '군사적 행동'을 취하자니 부담을 느낀다. 하지만 그 사이에서 다른 적당한 정책적 수단을 갖고 있지는 않다.

문제는 중국 역시 미국의 생각을 읽고 있으며 중국은 '시간은 우리 편'이란 전략을 취하고 있다. 중국의 굴기 전략은 미국과 무력적 충돌을 피할 수만 있다면 '중국의 굴기'가 성공할 수 있다는 것이다.

중국을 어느 선까지 용인해야 하는가

미국의 소극적인 중국 대처는 오히려 중국의 도발적 행위를 더욱 장려할 수 있다. 결과적으로 미국은 중국과 군사적 충돌을 선택하지 않으면서도 중국의 행동에 영향을 줄 수 있는 정책 해법을 찾는 데 더 많은 정책 에너지를 소비하게 될 것으로 예상된다.

미국 일각에서는 중국을 어느 정도 선까지 용인해야 하는가 하는 논쟁도 진행되고 있다. 수전 셔크 전 미국무부 동아태 담당 차관보는 "나는 미중 관계가 어디로 향하는지 개인적으로 걱정된다. 전쟁을 막기 위해서라도 우리가 중국을 다루는 방법을 변경해야 할지도 모른다"고 하였다. 이 발언은 트럼프 정부 초기에 나온 발언으로 트럼프 정부에 대한 정책 조언 차원이다. 즉 오바마처럼 중국의 부상을 지켜만 보면서 용인해서는 안 된다는 것이다. 이와 함께 전임 오바마 대통령이 중국의 부상을 너무 용인한 책임이 있다는 '오바마 책임론'도 일부 나오고 있다.

이 책을 쓰는 시점에서 미중 관계는 전반적으로 악화되고 있다. 하지만 당분간 미국은 중국에 대해 전면적인 충돌을 선택하지는 않을 것으로 판단된다. 중국에 대한 미국의 대응은 기존의 대응 방법을 좀 더 강화시키는 수준 정도로 예측된다. 예를 들어 ▲국제 사회 규범 강조 ▲동맹국들과의 군사 훈련 강화 ▲남중국해에서 항행의 자유 훈련 횟수 증가 ▲중국에 대한 '시장 경제market economy' 지위 부여하기 거부 ▲제한적 사이버 공격 등이 있다. 이는 필자가 미국의 민주당 계열 인사들과의 인터뷰에 의거한 것으로 트럼프 행정부의 행동은 전혀 다를 수 있는 개연성이 여전히 존재한다.

오바마의 중국 관리 '실패'의 전철을 밟는 트럼프?

트럼프와 시진핑의 짧았던 브로맨스는 어떤 면에서 트럼프의 전임 오바마의 전철을 밟고 있다. 트럼프의 마라라고 회담처럼 오바마 역시 2009년 미국 대통령으로 당선된 후 석 달 만에 미중 관계를 안정적으로 유지하기 위해 미국 외교 역사상 전례가 없는 전략경제대화S&ED, Strategic and Economic Dialogue 매커니즘을 출범시키면서 양국 간에 오해와 갈등을 조절하려고 시도하였으나 결국 실패하였다.

중국과 원만한 관계를 유지하려는 미국의 정책은 2013년 서니랜즈 회동으로 다시 한 번 그 시동을 걸었지만 소기의 목적을 달성하지는 못했다. 시진핑은 서니랜즈 회동에 두꺼운 자료 바인더를 들고 와서 현안별로 준비된 발언만 하는 모습을 보여 편안한 분위기에서 솔직한 대화를 가지려 했던 미국 측을 애타게 했다. 이는 미중 양 정상이 '노 타이no tie'로 격의 없이 미중 현안과 북한 문제를 토의하고 개인적 신뢰 관계를 형성하는 자리였다는 언론 보도와는 상당히 거리가 있는 것이다.

'중국의 부상'에 대한 미국의 세 가지 선택

경쟁, 양보, 협력

2012년 호주 내 중국 전문가 휴 화이트Hugh White 호주국립대 교수는 제2

차 세계대전 이후 절대 도전받지 않았던 미국의 아성이 중국의 부상으로 흔들리고 있다고 진단하고 이에 미국은 세 가지 옵션에 직면해 있다고 주장한다. 첫째, 아시아 리더십을 두고 중국과 경합하거나 둘째, 자발적으로 주도권을 양도하거나 셋째, '아시아 체제Concert of Asia'를 구성하여 미중이 함께 협력할 수 있는 새로운 메커니즘을 구성하는 것이다. 이러한 주장이 미국의 주요 우방국 호주의 대표적 중국 통 학자에 의해 제기된 사실은 특기할 만하다.

휴 화이트 본인의 선택은 두 번째와 세 번째의 조합이었다. 그는 미국이 '몰락'을 스스로 인정하고 평화롭게 단극 슈퍼 파워 권좌에서 물러나 중국을 '아시아에서 전략적 동격strategic equal in Asia'으로 받아들일 때 미래에 세계 평화가 가능하다고 주장하였다. 화이트의 이러한 미중 권력 공유 모델은 발표 당시보다는 시간이 흐르면서 요즘 더욱더 진지하게 토의되고 있다.

예를 들어 폴 키팅 전 호주 총리 같은 인물이 화이트의 주장을 지지한다. 2017년 1월 기업가 출신의 맬컴 턴불 전 호주 총리 역시 이러한 견해에 무게를 얹어주는 발언을 하였다. "중국이 TPP에서 빠진 미국의 역할을 대신하는 아이디어도 고려할 수 있다"고 했던 것이다.

하지만 중국을 미국의 '동격'으로 받아들이자는 이 제안은 많은 이들을 불쾌하게 만들었다. 미국이 중국을 '전략적 동격'으로 인정하는 것은 받아들일 수 있을지 몰라도, 중국 같은 국가를 미국의 '도덕적 동격moral equal'으로까지 받아들일 수 있는가 하는 논란이 제기되었기 때문이다.

미국과 '충돌점' 증가하는 시진핑의 중국

후진타오 중국과 시진핑 중국의 차이

미중 관계에 있어 시진핑 시기의 중국은 전임자인 후진타오의 중국과는 다르다. 시진핑의 중국은 미국과 물리적 충돌을 할 가능성이 더 높아졌다. 예를 들어 후진타오 시기 때는 미중 사이에 하나의 '충돌점point of conflict'이 있었는데 그것은 대만 문제였다. 하지만 시진핑 시기에는 그것에 더해 두 개의 충돌점남중국해와 북한이 더 생겼다.

강한 지도자로 회귀하는 중국

중국공산당은 베이징에서 2016년 10월 24일 폐막한 제18기 중앙위원회 6차 전체회의六中全会 공보公报에서 '시진핑 동지를 핵심으로 하는 당 중앙以习近平同志为核心的党中央'이란 표현을 썼다. '핵심'이란 칭호는 공산당에서 최종 승인권과 거부권을 시사하는 것으로 중국이 마오쩌둥 및 덩샤오핑 같은 '강한 지도자' 통치로의 회귀를 의미하는 것이다.

중국의 핵심 이익 집착으로 인한 주변국과의 갈등 확대

강한 지도자 시진핑을 '핵심'으로 명문화한 중국은 자국의 핵심 이익 관철을 명분으로 주변국과 끊임없는 갈등을 겪고 있다. 하지만 이에 대한 중국 측 시각은 확연히 다르다. 중국은 주변국들과의 갈등은 중국이 대국으로 굴

기하는 과정에서 겪어야 할 피할 수 없는 성장통으로 보고 있다. 이 시각의
연장선에서 미국에 대한 중국의 인식은 기존의 '충돌을 피해야 할 대상'^{평화로}
^{운 굴기}' 프레임에서 중국이 강대국이 되기 위해 '극복해야 할 산'^{중화 민족의 위대한}
^{부흥' 프레임'}으로 전이되고 있음에 주목할 필요가 있다.

중국에게 있어 요즘 가열되고 있는 인도와의 국경 분쟁, 남중국해 및 대
만 문제, 일본의 센카쿠열도 등은 모두 중국의 핵심 이익에 속하는 영역이고
중국의 대국굴기를 위해서는 양보할 수 없는 지역이다. 인도와의 경우, 중국
중앙방송^{CCTV}은 2017년 7월 20일 최근 티베트 지역에서 실시된 인민해방군
의 실전 사격 훈련을 보도하였다. 고원지대용 신형 경 탱크와 사거리 $140km$
가 넘는 PHL-03형 로켓포, $122mm$ 유탄포의 실 사격 장면과 화염방사기를 동
원한 적진지 · 참호 공격 훈련 모습도 공개하였다.

인도와의 국경 분쟁은 중국이 이전에 합의 및 봉합했다가 다시 재개한
바, 중국의 달라진 외교 행위 관찰을 위해 꾸준하게 주목해야 한다. 만약 미
중 갈등이 지속적으로 심화될 경우, 중국은 주변 강대국인 인도와의 갈등을
피하고 싶어 할 것이다.

2017년 8월 나렌드라 모디^{Narendra Modi} 인도 총리의 중국 방문을 일주일
앞두고 중국과 인도가 국경 분쟁 지역에서의 상호 병력 철수에 합의했다.^{분쟁}
은 중국 공병대가 인도 북동부 히말라야 지역에 위치한 도카라에 국경 도로를 확장하려 하자 인도
측이 이를 막으면서 시작됐다. 대치가 계속되자 두 나라는 군대를 해당 지역에 증강 배치해 긴장이
고조됐다. 인도와 중국은 히말라야 접경 지역에서 오랫동안 국경선 획정 문제로 분쟁을 빚어 왔으

며, 지난 1960년대 초에는 전쟁까지 벌인 바 있다.

한국의 대응

글로벌 리더십 부재 현상^{G-제로}에 특히 취약한 아시아

글로벌 리더십 부재 현상^{G-제로}은 특히 아시아 지역에 지대한 영향을 끼친다. 아시아는 세계 경제에서 중심이 되고 있으며, 그 어느 지역보다 빠르게 성장하고 있고, 동시에 미중 충돌의 가능성이 가장 높은 지역이다.[54]

위와 같은 분석을 내놓은 'G-제로' 용어의 창시자인 이언 브레머는 다년간 미중 관계 흐름 인식은 주목할 만하다고 말했다. 예를 들어 2012년 그는 "미중 관계가 악화되고 있다the US-China relationship gets worse"라고 진단했고, 2017년 최근 분석에서 "G-제로 시대는 당분간 지속될 것이다For now, the G-zero order looks here to stay"라고 분석했다. 즉 미중 관계 갈등 노정 속에서 세계는 '리더 부재' 현상으로 더욱 혼란에 빠질 것이라는 것이다.

한반도 주변 정세 변화 '가속화' 인지해야

한반도를 둘러싸고 있는 정세 변화의 속도가 빨라졌다. 이에 한국도 민첩하게 대응하는 상황분석 능력과 순발력 있는 대응 능력을 배양해야 한다. 예를 들어 2017년 4월 마라라고 정상회담은 '미중 갈등 완화-북한 위기 고조'

의 시기였지만, 불과 3개월 만에 이것이 '미중 갈등 고조-북한 위기 고조'로 전이되었던 것이다. 북핵 문제도 한국이 인지하는 속도보다 빠르게 북미 전면 대결 상황 혹은 북미 전격 담판 상황이 벌어지고 있다. 한국은 각각의 상황에 대비한 대응 태세를 점검해야 한다.

미중 사이에 '균형' 원칙 세우고 기준점은 상황에 따라 유연하게

한국은 1992년 냉전 시대의 적성국이던 중국과 수교하면서 미국과의 동맹도 중요하고 중국이라는 새로운 실체와 어떻게 균형을 맞출 것인지에 대한 고민도 안게 되었다. 이러한 고민은 자연스러운 것이고 때로는 정답처럼 딱 맞아떨어지는 정책 '솔루션'이 부재할 수도 있다. 하지만 한중 관계에서 '속도'보다는 '방향'이 중요하다는 원칙을 세우고, 속도에 집착하기보다 옳은 방향으로 가고 있다는 '균형감'을 잃지 않는 것이 중요하다.[55]

그러면서 균형을 유지하기 위해 기준점을 상황에 따라 유연하게 운용하는 것이 중요하다. 예를 들어 한국에 대한 중국의 사드 보복 압력에 밀려 한국이 한중 관계 균형점을 잃을 때 그 균형점을 회복하기 위해 더욱 적극적인 미국의 지렛대 역할을 빌릴 수 있어야 한다.

미중이 북한에 대해 '엇박자'를 낼 때에 대한 다양한 시나리오 검토

최근 미중은 북핵 문제에 관해서는 상황의 '심각성'에 대해 인식을 같이 같이했지만 북핵 문제를 어떻게 대처할 것인가에 대한 해법은 여전히 도출하지 못하는 한계를 드러냈다. 이는 북한의 군사적 도발 수위가 더욱 높아질 때 한국이 미중의 '엇박자' 속에서 어떠한 대응 방안을 취해야 하는지에 대한 정책적 숙제를 제기한다.

동시에 북한에 대해 강경한 태도를 취했고, 북한에 대한 '레짐 체인지 regime change, 정권 교체'도 공개적으로 언급한 미국과 전략적 소통을 강화해야 한다. 한 예로 마이크 폼페이오 미 중앙정보국 CIA 국장은 2017년 7월 20일 미 콜로라도주에서 열린 아스펜안보포럼Aspen Security Forum에서 '김정은 축출'을 시사하였다. 그런 미국이 2018년 6월 12일 북미정상회담을 계기로 관계 개선을 모색하고 있으며 2019년 2월에는 제2차 북미정상회담을 가졌다. 이렇게 숨 가쁘게 돌아가는 한반도 '대전환' 과정에서 한국이 소외되어서는 안 될 것이다.

미중이 엇박자를 낸다는 것은 아이러니하게도 한국이 우려하는 미중 사이에 결탁이 없다는 것이다. 오히려 중국은 미국의 대 북한 무력 사용에 반대한다. 즉 한국 언론에서 제시하는 것과 같이 강대국들이 결탁해 '코리아 패싱' 현상을 만들지 않았음에도 불구하고 여전히 한반도 리스크가 있다는 것을 의미한다. 이는 코리아 패싱이라는 용어 남용이 가지는 한계와 비적확성을 드러낸다.

미중 사이에 기회주의적 베팅보다 국가 이익에 기반한 원칙 정해야

한국은 미중 사이에서 어떻게 포지셔닝을 해야 하는지에 대한 질문을 하

도표 18. 애플의 아이폰 4S 공급 사슬

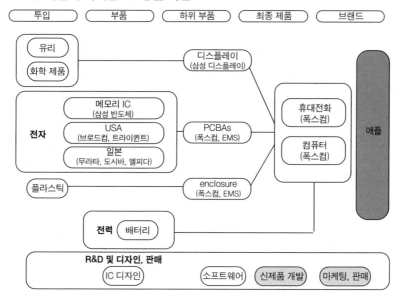

자료: OECD(2011), Tear Reports
출처: 한우덕, "쫄지 마라, 누군가에게는 더 큰 기회가 열린다!", 중앙일보, 2018.10.12., HYPERLINK "http s//news.joins.com/article/23042966"https://news.joins.com/article/23042966

기 전에 '먼저 한국 스스로는 어떤 국가이고 어떤 가치를 추구하는 나라인 가?'라는 질문을 고민해보는 시간이 필요하다. 그리고 그것에 의거한 국가적 우선순위 기준에 의해서 사드와 같은 미중 관계 요소가 첨예한 현안 문제를 타개해 나가야 한다. 사드 문제를 예를 들어보자.

1) 만약 한국이 추구하는 가치가 경제적 이익이라면 한국은 사드를 철수 하고 중국의 경제적 보복을 피해야 한다. 2001년부터 2016년까지 한국의 전 체 무역 흑자[5,160억 달러] 중 대중무역 흑자[5,035억 달러] 비중이 98%에 육박한다.

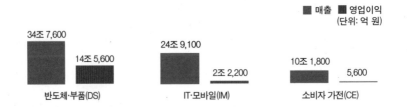

자료: 삼성전자
출처: 김준엽, "반도체로 번진 미·중 무역전쟁, 한국 반도체엔 격차 벌릴 기회", 국민일보, 2018.11.1., HYPE
RLINK "http//news.kmib.co.kr/article/view.asp₩?arcid=0924027242&code=11151400"http://news.k
mib.co.kr/article/view.asp?arcid=0924027242&code=11151400

2) 만약 한국이 추구하는 가치가 자유 민주라면 어떤 경제적 희생을 감수하더라도 이러한 가치를 지켜나가야 하고 국민들을 설득해 나가야 한다. 대한민국 헌법 제1조는 '대한민국은 민주공화국이다'라고 명시하고 있기 때문이다.

3) 만약 한국이 추구하는 가치가 절차적 정당성[56]이라면 사드 문제를 공론화시키고 국민의 뜻에 따라 배치/철수를 해야 한다. 2017년 8월 3일 기준으로 한국 내 사드 찬성 여론은 71%이다.

미중 사이 한국의 선택은 국익 기준으로

트럼프 행정부에 들어서 미국은 국제 사회의 전통적 리더십 역할을 방기하는 경향이 더욱 뚜렷해지고 있다. 그렇다고 해서 '굴기'하는 중국이 미국의 역할을 현재 대체하지도 못하고 있다. 결국 미중 경쟁 구조가 지속되는 노정이 예상된다.

이러한 지정학적 상황에서 한국은 코리아 패싱이라는 자학적 프레임 유혹에 빠져서도 안 되며, 그렇다고 이 경쟁에서 승자로 예상되는 쪽에 베팅하는 기회주의적 외교 정책을 취하기보다 국익에 의거한 기준을 세워야 한다. 이를 통해 국민 공감대와 국가 역량을 결집하여 '리더가 부재한 세계'에서 전략 노선 혼란을 최소화하고 일관성 있고 슬기로운 외교 정책을 취하는 것이 바람직할 것이다.

한국이 '선택'을
해야 하는 이유

계속적인
선택을 강요하는 미중

국제 관계는 인간관계와 비슷한 듯하다. 대놓고 '나는 누구 편'이라고 광고하고 다니면 왠지 조금 모자란 사람으로 보이듯 대놓고 우리는 어느 나라와 '더 친하다'라고 광고하고 다니는 나라도 없다. 미중 사이에서 한국도 마찬가지일 것이다. 한국에겐 미국도 매우 중요하고, 중국도 매우 중요하다. 한국이 미중 사이에서 하나만 선택할 경우 감수해야 할 안보적, 경제적 기회비용은 상당하다. 미국만을 선택해도 '자살골'이고 중국만을 선택해도 자살골이 되고 만다. 그래서 모범답안은 한국이 미중 모두와 잘 지내야 한다는 것이다. 특히 거칠고 위험한 국제 정세에서 두 강대국 사이에 낀 한국이 어느 쪽의 불만도 사지 않기 위해 애쓰는 것은 당연하다.

표 9. 미중과 한국의 입장

무역 전쟁 나선 트럼프	미국에 맞대응하는 시진핑	미·중 분쟁에 딜레마 빠진 한국
·중국 상대로 관세 폭탄 투하	·미국 상품에 대한 보복 관세	·미·중 사이 중립론은 비현실적
·중국이 미국경제와 안보를 위협	·'중국제조 2025' 폐기 요구 거부	·맹목적 중국 기회론도 비전략적
·중국 질주 놔두면 미국 패권 흔들	·개방개혁이 아닌 자력갱생 강조	·중국 불확실성 해소할 정부는 저자세
·중국이 강해지기 전 기선 제압	·미국과의 길고 험한 싸움 각오	·경제 버팀목 통상마저 흔들

출처: 최병일, "[최병일의 퍼스펙티브] 미·중 신냉전 시작하는데 한국은 속수무책", 중앙일보, 2018.11.5., HYPERLINK "https://news.joins.com/article/23094077"https://news.joins.com/article/23094077

그래서 근년에 자주 회자된 말이 '안보는 미국, 경제는 중국'이란 표현일 것이다. 둘 다 중요하니, 한국은 둘 다하고 잘 지내야 한다는 뜻이다. 미중 패권경쟁이 가속화되고 있는 시점에서 한국이 미중 어느 한쪽을 선택한다는 것은 미중 관계에서 오는 불확실성을 감안할 때 너무 위험한 선택이라는 충정 어린 조언도 들린다. 그런데 최근 들어 미중 사이에 처한 한국의 '명품 외교처방'처럼 불리던 이 표현의 유효기간이 이미 다했다는 지적이 외교가에서 나오고 있다.

문제는 한국은 미중 사이에 선택하고 싶지 않는데 미중은 한국이 자기편에 서기를 원한다. 작금의 미중 무역전쟁이 더욱 경쟁적, 갈등적 구조로 확대 진행되고 있기 때문이다. 우려되는 것은 미중 양 강대국의 갈등 양상이 경제 부분만이 아니라, 군사 분야 등 다른 영역으로 확대되면서 강대국들의 '줄 세우기' 본능이 더욱 노골적이 될 가능성이 높다는 것이다. 미중 갈등은 심지어 점차 이데올로기적 대립의 양상도 보이고 있다. 그렇다면 한국은 미중 간 힘의 경쟁에서 지속적인 선택을 강요받게 될 것이다.

이런 상황에서 (1) 한국은 계속 선택을 거부할 수 있을까? 한국은 선택하지 않고도 강대국의 줄 세우기 강요를 거부할 수 있는 외교 맷집을 지녔는가의 여부 (2) 한쪽을 선택했을 경우의 리스크 (3) 선택을 미루다 자발적으로 할 경우의 리스크 (4) 선택을 미루다 타의에 의해 선택을 강요당하는 경우의 리스크 등 각각의 시나리오와 그에 따른 기회비용을 냉정히 점검해 보는 것이 필요할 것이다.

한반도 주변 안보 환경의 대전환

지금까지 한국은 미중 모두와 사이좋게 지내려는 모습을 경주했고 이를 미국과 중국에 설명하고 이해시키려는 노력을 기울였다. 여기엔 한반도가 가진 지정학적 상황과 북한 변수에 대한 설명도 포함되어 있다. 예를 들어 주한 미군 주둔을 탐탁지 않게 여기는 중국에게는 주한 미군이 어떻게 한반도에서 전쟁을 억제하는 역할을 하는지에 대해 설명하고, 한중 밀월을 우려하는 미국에 대해서는 북핵 문제 해결에 있어 중국의 협조를 견인하기 위해 중국과 안보적, 경제적 협력 관계를 확대하는 것이 필요하다는 논리를 펼치기도 했다.

한반도 대전환

2018년 한반도에 반세기만의 지정학적 대전환이 발생했다. 평창동계올림픽으로 시작된 북한의 전방위적인 외교 아웃리치outreach와 사상 초유의 북미정상회담으로 촉발된 한반도의 지정학적 변화이다. 공교롭게도 한반도 대전환과 미중 무역전쟁으로 본격화된 미중 패권경쟁은 비슷한 출발 시기를 가지고 있다. 더 공교롭게도 미국과 중국은 한반도 지정학에서 가장 큰 영향력을 행사하는 외부 세력이다. 한반도 불확실성과 미중 관계 불확실성, 이 두 가지 불확실성이 겹치는 상황이다. 즉 가변성이 아주 높은 상황이라는 것이다.

전략적인 차원에서 보면 이것이 한반도의 남쪽과 북쪽에 주는 함의는 판이하게 다르다. 한반도 대전환을 추동시켰고 이에 따라 현상 변경을 주도한 당사자는 북한이다. 북한에게 미중 갈등은 외교적 운신의 폭을 넓힐 수 있는 호재다. 이는 냉전 시기 중국과 소련의 반목하는 관계를 북한이 이용한 것과 유사하다. 한국은 북미 핵협상이 연착륙할 수 있도록 중재 역할을 하면서 북한이 꾸준히 비핵화의 길로 나아가도록 북한을 관리해야 한다. 이러한 북한을 상대하는 미국과도 공조해야 한다. 동시에, 미중 갈등 리스크도 관리해야 한다. 어느 중앙일간지 소속 외교 전문 기자는 이를 서커스의 '접시돌리기' 묘기에 비유하여 '지금 한국은 한꺼번에 여러 개의 접시를 동시에 돌려야 하는 외교적 상황'이라고 묘사했다. 접시 하나라도 깨지면 안 된다는 것이다. 그런데 문제는 이

접시들도 움직이고 있다는 것이다. 이는 지구가 자전하는 동시에 태양 주위를 공전하는 것과 같다. 이는 매우 도전적인 환경을 의미한다.

미국과 중국 역시 가만히 있지 않고 있다. 각각 자기 팀과 진영을 정비하고 있다. 미국은 중국을 중장기적인 견제 대상으로 규정하고 이를 각종 국가전략보고서를 통해 문서화, 공식화 작업을 꾸준히 하고 있다. 심지어 미국의 저명한 중국 전문가들이 대거 참가하여 2019년 2월에 발간한 〈아시아 소사이어티Asia Society〉의 미중 관계 최신 보고서 제목은 '항로 변경Course Correction'이었다.

외교적 언사로 차분히 쓰였지만 '미중의 긴밀한 경제적 관계를 고려하여 두 나라의 경제를 '분리decouple'하려는 노력은 큰 주의를 하면서 진행되어야 한다'라고 제안하고 있다.[57] 주목할 것은 '진행하면 안 된다'가 아니라 '미중 분리를 조심하면서 진행해야 한다'는 것이다.

보고서를 작성한 저자들의 면면이 수전 셔크 전 미 국무부 동아시아태평양 담당 차관보현 캘리포니아 샌디에이고대학 소장, 오빌 셸Orville Schell 아시아 소사이어티 미중관계센터 소장 등 대부분 온건파라는 점을 고려할 때 이러한 정책 제안은 매우 놀랍다.

또한 미국이 아태 지역에서 더 적극적으로 동맹을 챙기는 모습도 보이고 있다. 미국 역내 동맹 체제의 두 축인 한국과 일본이 위안부 문제, 역사 문제를 두고 반목이 심해지자 한동안은 뒷짐 지고 방관하는 듯한 태도를 보였다가 이를 수정하여 이제는 미국 의회 차원에서 한일 관계를 챙기려는 모습도 보이고 있는 것이다.

미국은 오바마 정부 때 당시 박근혜 대통령과 아베 신조 일본 수상을 화해시키려고 오바마 대통령이 직접 '3자 회담'을 주선하던 때를 제외하고는 한일 관계를 중재하는 모습을 자제해 왔다. 한국과 일본 두 동맹 모두 미국한테 중요한데 중재를 잘못하다가는 쉽사리 미국이 어느 한 편을 든다고 비난을 받을 여지가 있기 때문이다. 더구나 한국과 일본에는 목소리가 큰 여론들이 적지 않다. 그런 미국이 '이제는 안 되겠다' 하고 태도를 바꾼 셈이다.

중국도 바쁜 행보를 보이고 있다. 특히 북미 핵협상이 아직 결론이 나지 않은 상황에서 대북 제재의 가장 중요한 축이라 할 수 있는 중국이 시진핑 주석과 김정은 국무위원장의 정상회담을 기습적으로 무려 네 차례나 거행하여 세계를 놀라게 했다. 겨우 10개월 남짓한 시간 동안 네 차례의 북중 정상회담을 통해 북중 관계를 냉전 시기의 끈끈한 관계로 되돌려버렸다. 이와 같은 한반도 정세와 미중 관계 대전환의 시점에서 한국의 기존 외교 처방전을 점검해보는 것은 그 어느 때보다 필요할 것이다.

중요한 것은 '한국이 경제는 중국, 안보는 미국'에 의존하며 양다리를 걸치고 있는데 이런 양다리 전략이 계속 통할 수 있는가일 것이다. 여기서 인정해야 할 사실은 한국이 중견국으로 성장하기는 했지만 여전히 강대국은 아니라는 점이다.[58]

세계의 많은 국가들이 미중 사이에서 포지셔닝에 대해 고민하고 있다. 한국처럼 말이다. 하지만 종합적인 국력에 따라 미중 사이에서 취할 수 있는 선

도표 20. 세계 주요국 은행의 중국 노출도

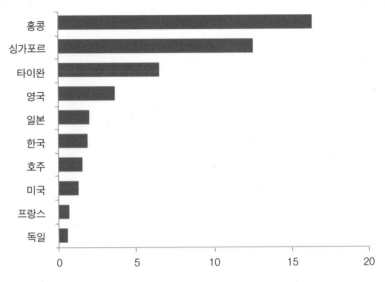

자료: Oxford Economics, BIS, Fitch
출처: "中国经济硬着陆将给全球经济带来何种影响? (图)", 凤凰网, 2015.11.20., HYPERLINK "http//
finance.ifeng.com/a/20151120/14079997_0.shtml"http://finance.ifeng.com/a/20151120/14079997_0
.shtml

택의 폭은 확연히 달라질 수 있다. 한 예로 인도의 최근 행보를 살펴보자.

한국은 미중 사이에서 선택하지 않고도 견딜 수 있는
'외교 맷집'이 있는가?

2018년 6월에 싱가포르에서 개최된 아시아안보회의Asia Security Summit, 일

명 '샹그릴라 대화'에서 가장 주목을 받은 두 인물은 나렌드라 모디 인도 총

리와 제임스 매티스 당시 미국 국방장관이었다. 매티스 장관은 주한 미군과 주일 미군을 관할하는 미국-태평양 사령부 명칭을 71년 만에 '인도-태평양 사령부'로 공식 변경을 선언한 이틀 뒤 바로 아시아안보회의에 참석했다. 미국의 이러한 개명은 미국 패권을 위협하며 아시아·태평양으로 뻗어 나오는 중국의 굴기를 저지하기 위해 일본, 호주 등 전통적 아시아·태평양 동맹국은 물론 인도라는 거대 신흥 강국과 힘을 합쳐 포위해야 한다는 판단에 따른 상징적 조처라고 인식되었다.

많은 회의 참석자들은 새로운 '인도-태평양 전략'에 대해 궁금함이 충만했다. 더구나 그런 시기에 그 행사에 모디 인도 총리가 기조 연설자로 왔기에 다들 그의 입만 바라보고 있었다. 기대를 할 만도 했다. 인도는 중국과 2017년 도카라 지역에서 인도군과 중국 인민해방군 사이에 국경 분쟁을 막 겪은 후라서 중국과의 관계가 매우 껄끄러웠다. 반대로 인도와 미국의 관계는 더욱 긴밀해져 갔다.

양국은 2016년 정비와 보급 등을 위한 상호 기지 사용 협정을 체결했고, 그 후 2018년 미국과 민감한 군사 정보를 공유할 수 있는 '통신 상호운용성 및 보안 협정COMCASA, Communications Compatibility and Security Agreement'까지 체결하는 등 군사적 결속을 강화하고 있어서 '훈풍'이 불고 있는 시점이었다. 미국이 새로 '인도-태평양 전략'[59]을 발표한 시점에서 많은 참석자들은 기조 연설자인 모디 인도 총리가 미국의 '러브콜'에 적극적으로 호응하며 대 중국 포위 강화 연대를 천명하는 연설을 할 것이라는 기대가 높았다.

모디 총리는 입을 열었다. "인도-태평양은 자연 지리적인 개념이지 어떤 그룹을 형성해 그 지역을 지배하려는 것이 아니다. 특히 어떤 특정 국가를 견제directed against any country하는 것을 고려하고 있지 않다"라고 했다. 현장엔 잠시 무거운 긴장감이 느껴졌다. 관중석 맨 앞 테이블에는 매티스 미 국방장관이 앉아 있었다. 모디 총리는 계속해서 "나는 인도와 중국이 신뢰 속에서 서로 협력하는 것이 아시아와 세계의 더 나은 미래에 도움이 된다고 굳건히 믿는다firmly believe"라고 했다.[60]

장내에 조용히 삐걱거리는 웅성거림이 있었다아마 많은 이들이 집단으로 동시에 고개를 갸우뚱거릴 때 나는 소리였는지도 모른다. 그 연설은 그날 많은 참석자들이 기대했던 연설은 아니었다. 하지만 인도 총리는 미국 국방장관 앞에서 공개적으로 인도가 미국의 중국 봉쇄 전략에 동참하지 않겠다는 것을 분명히 한 셈이었다. 참가자들 중의 한 명샹그릴라 대화 주최 측은 참가자들을 '대리인(delegate)'이라고 호칭한다이었던 필자는 고개를 턱에 괴고 한참동안 방금 눈앞에서 발생한 일을 반추하고 있었다. 더불어 매우 복잡한 생각들이 뇌리를 스치고 지나갔다.

민주국가인 인도가 '인도-태평양'에서 미국과 손잡고 협력을 강화하겠다는 새로운 전략적 천명을 내심 기대했던 많은 기자들은 예상했던 뉴스거리가 나오지 않자 실망한 기색을 감추지 않았다. 그러나 모디 총리는 시종일관 차분했다. 필자의 뇌리에 깊이 박힌 한 장면이었다.

인도는 4개월 후 미국의 가슴에 멍이 들게 만드는 일을 또 하나 감행한다. '러시아판 사드'라고 불리는 러시아산 미사일 방어 체계 S-400 구매를 최

종 결정한 것이다[2018년 10월]. 당시 이를 보도한 국내 한 언론의 관련 기사를
보자.

미국이 '러시아판 사드'로 불리는 S-400 미사일 구입을 결정한 인도를
지켜보며 벙어리 냉가슴을 앓고 있다. 2014년 크림반도를 병합한 러시아를
상대로 제재의 고삐를 죄는 마당에 인도가 국제 공조를 무시하고 러시아의
숨통을 틔운 탓이다. 그렇다고 대 중국 견제의 핵심 상대방인 인도를 향해 매
를 들자니 강력한 우군을 잃을 처지이다.

제목을 보니 '인도, 러시아판 사드 구입 결정했지만… 중국 견제 목적에
아무 말도 못하는 미국'이라고 하나의 영화 제목같이 절묘하게 묘사되어 있
었다.[61] 미 정부는 2017년부터 러시아 방산 기업은 물론 이와 거래하는 외국
에 대해서도 제재를 가하고 있다. 따라서 인도가 S-400을 들여오면 즉각 제
재 대상이다. 이를 알면서도 인도는 러시아제 무기 구입 결정을 내린 것이다.
그런데 이 러시아판 무기는 미국의 사드보다 성능이 더 우수하다[러시아 측 주장].
S-400의 요격거리는 400km로 미국 사드의 두 배에 달하고, 스텔스 전투기도
격추할 수 있다고 주장한다.

인도에게 필요한 우수한 무기라면 미국 눈치 안 보고 구입하고 심지어
미국과 경쟁 관계에 있는 국가의 무기도 주저함 없이 구입하는 것이다. 당시
수바쉬 밤레[Subashi Bamley] 인도 국방부 부장관은 "인도 정부는 모든 종류의

안보 위협에 대응하기 위해 자주적으로 결정을 내린다"고 했다.[62]

미국은 당연히 화가 많이 났다. 우방인 인도가 미국의 제재 압력에도 불구하고 러시아와 지대공 미사일 방어 체계 S-400 구매 계약을 체결한 것이다. 미국 정부는 러시아와 군사-정보 분야 거래를 하는 나라들은 '적성국 제재법CAATSA'에 따라 '자동적'으로 제재 대상이 될 것이라고 밝혀왔다.2017년 8월 미국 의회는 이와 관련한 법안을 통과시켰고 트럼프 대통령이 서명했다. 랜들 슈라이버Randall Schriver 미국 국방부 아시아 · 태평양 안보담당 차관보는 "미국은 인도가 러시아의 지대공 미사일 방어 시스템인 S-400을 구매하는 계획에 대해 우려하고 있다"면서 실현될 경우 인도에 제재를 가할 수 있다고 경고했다.[63]

실제로 미국은 러시아산 전투기와 S-400 미사일을 구입했다는 혐의로 중국에 제재를 가했다. 그러면서 미 정부 관료들은 그런 조치가 러시아와 비슷한 무기 구매를 고려하고 있는 국가들에게 '경고를 보내는 것send a message' 이라고 했다.[64] 미국이 러시아 · 이란 · 북한 통합제재법CAATSA, the Countering America's Adversaries Through Sanction Act에 의거해 제3국에 제재를 가하는 것은 처음이었다.

그러나 인도의 경우는 달랐다. 미국이 인도에 제재를 가한다면 중국을 견제하기 위해 추진 중인 인도-태평양 전략에 지장을 줄 수 있기 때문이다. 더구나 미국은 2018년 인도 뉴델리에서 인도와의 첫 외교 · 국방장관 회의2+2 회의에서 인도에 러시아의 S-400 말고 미국의 방공 미사일 시스템을 구매하도록 제안한 것으로 알려져 있다. 그런 노력에도 불구하고 인도는 끝내 러시아

제 무기를 구입한 것이다.

그렇다고 인도를 제재할 경우 제 발등을 찍는 격이어서 상황이 간단치 않다. 미국 내 상당수 전문가들은 '인도가 무엇을 하든 보호해야 한다는 주장은 잘못된 것'이라고 주장해왔다. 애슐리 텔리스Ashley Tellis 카네기 국제평화재단CEIP, the Carnegie Endowment for International Peace 선임연구원은 〈월스트리트 저널〉에 '이번 S-400 거래는 미국과 인도의 관계에서 가장 곤란한 문제가 될 것'이라고 지적했다.[65]

미국 싱크탱크 중 하나인 전략국제문제연구소CSIS, Center for Strategic and International Studies의 리처드 로소Richard Rossow 국장은 "미국은 장기 안보적 관점에서 인도에 예외를 줄 것이다"고 예상했다. 그렇게 하지 않기에는 인도가 너무 중요하다.[66] 미국 정부가 어떤 행동을 취할지에 대한 힌트는 마이크 폼페이오 미국 국무장관을 통해 나왔다. 그는 인도의 S-400 도입과 관련해 "인도와 같은 위대한 전략 파트너를 벌하지 않으려고 노력하고 있다"며 오히려 미국이 선제적으로 인도에 대한 제재 유예 가능성을 내비쳤다.[67]

미국의 우방이면서 러시아 무기를 미국의 눈치를 보지 않고심지어 미국의 경고에도 불구하고 도입하는 인도의 사례는 한국 외교의 '자율성'에 많은 함의와 시사점을 던진다. 한국이 인도처럼 미국과 우방 관계를 유지함과 동시에 인도처럼 외교적 자율성[68]을 지닐 수 있을까?

그런데 인도의 사례가 주는 함의는 여기서 끝이 아니다. 인도의 S-400 '러시아판 사드' 도입은 이웃한 파키스탄과 중국에 대한 견제 차원이다. 그런데 중국도 인도에 대해 경제 보복을 했다는 말을 들어본 적이 없다. 한국의 사드 도입에 대해 치졸한 보복을 했던 중국이었는데 말이다.

국제사회: 여전히 '힘의 논리'가 작동하는 정글

'샹그릴라 대화'에서 모디 인도 총리의 연설을 직접 들은 후 관심을 갖고 살펴본 인도의 '강대국 다루기'는 국제 사회가 21세기 지구촌이 됐음에도 여전히 힘에 의해 작동하는 현실이라는 인식을 다시금 하게 하였다. 한국 외교도 미중 등 특정 국가에 종속되지 않고 자율성을 지녀야 함에 대해선 한국 내에서 원칙적 이견이 없다. 아니 이것은 독립 국가라면 당연히 지켜야 하는 원칙이다. 하지만 힘의 논리가 작동하는 실제 외교 현장에는 제약이 많다.

인도가 저럴 수 있는 것도 결국은 미중, 혹은 미러 사이에 선택하지 않아도 되는 국력이 뒷받침되기 때문이다. 미국은 인도가 필요하다. 인도와 관계가 소원해질 때 아쉬운 쪽은 미국이다. 한국이 미국과 관계가 소원해질 때 아쉬운 쪽은 어느 쪽일까? 한국이 중국과 관계가 소원해 질 때 아쉬운 쪽은 어느 쪽일까?

아마 둘 다 한국일 것이다. 중국이 인도와 국경 분쟁을 조기에 매듭지은 것도 미중 갈등 심화 국면에서 인도가 미국에 기우는 것을 방지하기 위한 계산이 작동했다. 인도가 중국을 견제할 S-400을 도입할 때 중국이 반발하지

도표 21. 올해 미중 간의 관세 전쟁 추이

미국의 경우 실제로 행동에 옮긴 관세 조치보다는 협박성으로 이루어진 조치가 더 많다. 이 부분은 트럼프의 '협상가'기질이 드러내준다. 마치 베트남 하노이회담에서도 '딜'을 하지 않고 박차고 나와 '노 딜'을 했듯이 실제 관세 조치보다는 "앞으로 이러한 보복 관세를 매기겠다"는 예고를 함으로써 상대방에게 공포감을 주고 자신의 협상력을 높이려고 하는 것과 관련이 있다.

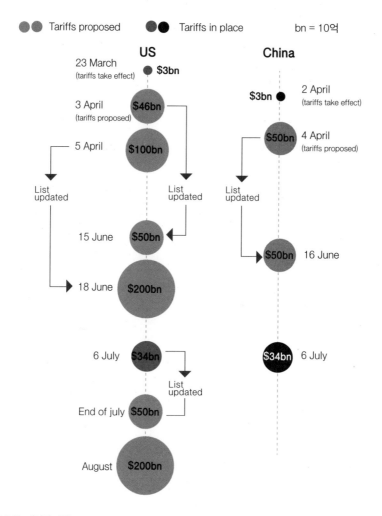

2018.7.11. 데이터 기준
자료: Peterson Institute for International Economics, BBC research
출처: Ana Nicolaci da Costa, "The early victims of Trump's trade war", BBC News, 2018.8.5., HYPERLI
NK "https//www.bbc.com/news/business-45028014"https://www.bbc.com/news/business-45028014

않은 것도 같은 이치이다. 인도는 미중 모두에게 '러브 콜'을 받고 있다. 미중 패권 경쟁 심화 과정에서 인도의 몸값이 상승한 것이다.

한국은 인도가 아니다

한국은 인도가 아니다. 한국 외교는 선택지가 많지 않다. 한국이 인도처럼 미중 사이에서 선택의 압력으로 자유롭지 못함은 한국 외교의 객관적 제약 요인이다. 한국이 미국과 중국 사이에서 아슬아슬하게 줄타기를 하는 것도 점차 어려워지고 있다. 선택지가 많지 않은 한국의 외교 현실은 외교 정책을 구상함에서도 옵션이 제한된다. 예를 들어 근년에 한국 학계에서 미중 사이에 선택을 강요받는 것에 대한 해결책으로 제시된 아이디어가 사안에 따른 선택이다. 외교적 결정을 할 때 '미국편', '중국편'이란 진영 논리에 따라 하는 선택을 지양하고 사안에 따라 한국의 국익에 의거해 '케이스 바이 케이스^{case} by case'로 선택해야 한다는 의견이다.

그런데 이 논리를 자세히 들여다보면 새로운 논리가 아니다. 기존의 한국 외교 처방전이라 할 '안보는 미국, 경제는 중국' 역시 같은 맥락이다. '안보 사항에 있어서는 미국에 의지하고, 경제적 사항은 중국 편에 선다'는 역시 경제적 상황과 안보적 상황에 따라 결정하는 것이기 때문이다. 과연 이것이 쉬울까?

보다 근본적인 질문은 한국이 과연 미중 어느 한 진영의 영향력에 종속되지 않고 외교 자율성을 견지할 수 있는 '외교 맷집'이 있는지의 여부일 것이다. 불행히도 이에 대한 진단은 그리 밝은 전망을 주지 못한다. 세 가지 측면에서이다. 첫째, 앞서 언급한 한국의 국력이다. 한국은 중견국이고 '미들 파워'이지만 강대국은 아니다. 둘째, 한국은 미중 양쪽에서 '러브콜'을 받고 있는 상태인가에 대해 객관적 평가가 필요하다.

박근혜 정부 당시 윤병세 외교부장관은 "한국이 미중 양측에서 러브콜을 받는 상황"이라고 발언해서 논란을 불러일으켰다.[69] 엄중한 외교 현실에 비춰 당시 정부 외교를 자화자찬한 것이 아니냐는 비판을 불러 일으켰다. 고고도미사일방어 체계 배치, 아시아인프라투자은행AIIB, Asian Infrastructure Investment Bank 참여 문제 등을 놓고 한국이 미중 사이에 낀 샌드위치 상황이라는 그간의 비판을 정면 반박한 취지였지만 공감을 얻지 못했다. 당시 윤 장관의 발언은 대외공관장회의 개회사 중 일부였는데 다음과 같은 대목이 나온다.

"국내 일각에서 19세기적인 또는 냉전적 사고방식으로, 마치 우리나라가 고래싸움에 새우등, 샌드위치 신세와 같은 식으로 표현하는 경우도 있습니다. 다른 나라의 논리와 이해관계를 대변하려는 경향도 일부 있습니다. 이러한 패배주의적, 자기비하적, 심지어 사대주의적 시각에서 우리 역량과 잠재력을 외면하는 데 대해서는 의연하고 당당하게 우리 입장을 설명하기

바랍니다."[70]

과연 지금은 19세기도 아니고, 냉전시대도 아니다. 한국은 미중 고래 싸움에 깔린 '새우'도 아니고, 미중 양면에 낀 '샌드위치'도 아니다. 당연히 패배주의적, 자기비하적, 사대주의적 시각을 버려야 한다. 하지만 반대로 한반도를 둘러싼 지정학적 상황이 19세기와 유사성이 있고, 미중 경쟁 심화 속에서 국제 정세가 '신 냉전new Cold War'처럼 비춰지는 측면도 있으며, 한국은 더 이상 '새우'가 아닌 '돌고래'만큼 역량을 키워 어엿한 중견국middle power이 되었지만 미중 양 강대국의 국력과 비교하면 그 격차가 여전히 크다. 자기비하적이 되어서도 안 되겠지만 작금의 상황과 과거의 유사한 역사 경험에 빗대어 표현하는 것은 그러한 역사가 되풀이 되어서는 안 된다는 우려도 본연적으로 내포하고 있는 것이다.

한국이 미중 사이에서 러브콜을 받는다는 표현은 객관적으로 부합하지 않는 듯하다. 사드가 대표적이다. 사드 파동은 한국이 미중 갈등 구조 속에서 러브콜을 받기는커녕 한국 외교가 미중 갈등에 매우 취약함을 드러냈다. 사드 갈등의 본질은 아태 지역에서 미중의 전략적 경쟁이 본질인데 배치를 둘러싸고 갈등의 불똥이 튄 곳이 한국이었던 것이다.

중국은 한국의 사드 철폐 여부를 한국에 대한 자신의 영향력의 척도로 보는 반면, 미국은 사드 배치를 굳건한 한·미 동맹의 척도로 보았다. 중국은 최고 국가지도자 차원에서 사드 반대를 요구했고 이를 관철시키기 위해 경제

보복과 국영 언론을 통한 대대적인 여론전과 심리전을 전개했다. 동맹인 한국이 중국으로부터 사드 보복을 당하고 있을 때 미국이 취한 태도는 '방관'으로 요약될 수 있었다.

필자가 참석했던 워싱턴에서 개최된 한 비공개 회의에서 미국의 저명한 한 중국 전문가는 동맹을 지키지 못했던 미국의 행위에 대해 미국은 동맹을 지킬 '여력이 없다cannot afford to protect'란 표현을 썼던 것이 뇌리에 남는다. 당시 그는 2010년 일·중 간 센가쿠열도 영유권을 둘러싼 분쟁 시에도 미국은 동맹인 일본을 보호해주지 못했다고 지적했다. 최근에도 캐나다가 미국의 부탁으로 멍완저우 화웨이 부회장을 전격 체포하자 중국은 이에 대한 보복으로 캐나다 전직 외교관 마이클 코프릭Michael Kovrig을 억류하였는데, 이에 대해 미국이 정부차원에서 그의 석방을 위해 어떤 일을 했는지 보도된 바가 없다.

사드 배치와 관련해 한국은 장시간 미중 사이에서 애매한 입장을 취했는데 이것이 중국의 분노를 더욱 돋운 측면이 되었고, 보복 수위와 기간을 넓힌 결과로 이어졌다. 미국 내에서는 한국이 동맹처럼 행동하지 않는다는 지적이 나왔고 국내적으로는 정부가 결정을 미루는 사이 사드 배치 찬반을 둘러싸고 심각한 여론 분열 현상이 발생하는 '3중고'를 겪었다.

남중국해 분쟁에서 한국이 취한 중립적인 태도도 동맹인 미국의 질타를 받았다. 오바마 대통령은 당시 박근혜 대통령 면전에서 중국의 국제 규범과 법 준수의 필요성을 거론하며 "한국이 목소리를 내야 한다"고 강조했다.[71] 미중 간 갈등이 계속되고 있는 남중국해 문제에 대해 연루되고 싶어 하지 않는 한국에 대해 보다 분명한 입장을 요구한 것이다.

중국의 한 내부 토의에 의하면, 중국은 앞으로 미중 갈등 심화를 예상하면서 국가들을 세 가지로 분류했는데 첫째는 일본과 같이 철석같이 미국 편을 드는 국가들이다. 중국이 회유할 수 없는 이러한 국가들에 대해 중국은 냉랭하게 대한다. 기본적인 교류는 하지만 그렇다고 대놓고 적대시하지는 않는다. 둘째 부류는 중국에 대해 우호적인 국가들이다. 미얀마, 그리고 최근에 필리핀 같은 국가들이다. 이런 국가들에 대해선 확실히 중국 편으로 묶어두기 위해 경제적 인센티브를 제공한다. 일대일로 같은 중국 주도 사업에도 적극적으로 참여시켜준다. 셋째 부류는 한국처럼 미중 사이에서 줄타기를 하는 국가들이다. 중국은 이런 국가들을 '미중 갈등을 틈타 이익을 취하려 한다'고 본다. 이런 국가들은 괘씸죄를 적용하여 확실하게 불이익을 준다는 것이다. 이렇게 하는 것이 특히 중요한 이유는 이렇게 본때를 보여주어 다른 나라들에게 경고를 주는 목적이 있다. 기회주의 국가들에게 가장 큰 보복을 하겠는 것이다. 한국은 이에 '시범 케이스'로 딱 걸린 셈이었다. 한국이 이러한 중국의 전략을 미리 파악했더라면 더 슬기롭게 대처할 수 있었을 것이다.

종합적으로, 한국은 미중 관계 악화에 따라 양 강대국 사이에서 가장 '포지셔닝'에 어려움을 겪게 될 수 있다. 한국은 인도가 아니다. 인도가 취할 수 있는 정책 제안을 한국에 하는 것은 현실적이지 않을 뿐만 아니라 심지어 무책임하기까지 하다. 한국은 미중 간 힘의 경쟁에서 지속적인 선택을 강요받게 될 것이다. 그리고 이것은 이미 현실이 됐다.

선택하지 않는 것이 최선책?
한국은 차선책만 존재!

한국은 미중 사이에서 선택을 안 할 수 없을까? 강대국들은 주변 중소국가들을 '줄 세우기'시키려는 본능을 지니고 있다. 한국은 특히 역사적으로 강대국들부터 선택을 강요받은 경험이 많다. 또한 청나라와 명나라 사이에서 잘못된 선택으로 곤욕과 수치를 겪은 것처럼 이에 따른 트라우마trauma도 적지 않다. '선택의 트라우마'가 있으니 자연스럽게 선택하고 싶지 않다. 본능적으로 '선택'은 '자살골'이 될 가능성이 높다는 것을 느낀다.

하지만 시대가 바뀌어 21세기가 되었음에도 강대국들의 '줄 세우기' 본능은 여전히 건재하다. 한국은 또다시 선택의 압력을 받고 있다. 이상적인 모범 답안은 역시 선택을 하지 않는 것이다. 미중 모두와 사이좋게 지내는 것이다. 문제는 미중이 선택을 강요하는 것이다. 특히 미중관계가 구조적 갈등과 세력 경쟁이 심화하면서 한국에 대한 선택 강요는 패권 경쟁적 이슈가 생길 때마다 다양한 방식으로 한국의 외교를 시험에 들게 할 수 있다.

'아시아 리밸런싱' 전략을 선언한 미국과 '아시아 신안보관亚洲新安全观, 아시아의 안보는 아시아 국가들이 책임져야 한다는 것으로 미국을 배제하려는 의도'을 선언한 시진핑의 중국 사이에서 한국은 정체성에 대해 고민하게 될 것이다. 몸은 아시아에 있는데 가장 친한 친구동맹는 미국이기 때문이다. 미중 관계가 경쟁 중심으로 형성될 가능성이 높은 가운데 한국은 미중 간 힘의 경쟁에서 지속적인 선택을 강요받게 될 것이며, 미중 갈등의 중간에 놓인 한국이 선택할 수 있는 가장 이상적인 선택은 존재하지 않는다.

양 강대국의 갈등에 연루되지 않고, 되도록 중립적인 중간 지대를 지키는 것이 최선책인데 불행히도 이러한 이상적인 최선책은 한국이 선택할 수 있는 옵션이 더 이상 아니다. 따라서 결국 한국은 차선책을 선택해야 할 것이다. 한국에게는 최선책이 없고 차선책만 존재한다.

미중 사이에서 영민한 외교를 펼치는 싱가포르

한국과 유사하게 미중 사이에서 고민하고 있는 국가 중 하나가 싱가포르이다. 2018년 대만에 회의 참석차 갔다가 마침 싱가포르의 어느 대학에서 교수로 재직하고 있는 인사를 만났다. 그에게 한국의 고민을 말하고 조언을 구했다. 싱가포르는 미국의 우방인 동시에 리콴유$^{李光耀, 1923~2015년}$ 전 총리처럼 정치 지도자들이 중국과의 관계를 원만히 유지하는 놀라운 외교 능력을 보이고 있다. 사실 싱가포르야 말로 미국과도 잘 지내고 중국과도 잘 지내는 국가이다.

싱가포르 교수는 조언은 아니지만 두 가지를 얘기하고 싶다고 했다. 첫째, 싱가포르는 처음부터 중국에 대해 입장을 뚜렷하게 전했다. 또한 중국과 교류는 환영하지만 싱가포르는 절대 중국의 공산주의 체재를 받아들이지 않겠다고 했다는 것이다. 이는 중국계 인구 비율이 무려 77%에 이르는 싱가포르를 중국화시킬 수 있겠다는 시도를 처음부터 분명하게 막아두고자 한 의도라고 했다.

둘째, 중요한 것은 이러한 입장을 일관되게 유지하는 것이라고 했다. 그와 동시에 중국을 적대시하는 느낌을 주지 않게 유의하면서 꾸준히 중국 쪽에 설명해주는 것이라 했다. 싱가포르는 주변 국가들이 중국과 수교한 다음에야 중국과 수교할 것이라는 원칙도 지켰다고 했다.

또 한 명의 싱가포르의 중국 전문가이자 싱가포르사회과학대학^{SUSS,} Singapore University of Social Sciences의 림태웨이Lim Tai Wei 교수는 필자에게 미중 관계를 관리하는 측면에서 한국은 싱가포르보다 훨씬 더 불리한 입장에 있다고 지적했다. 무엇보다 북한 문제 해결에 있어 한국은 미중 양국에 의존하고 있기 때문이라는 것이다.

더불어 싱가포르에 동남아 화교 자본이 많이 집중되어 있는 것, 그리고 이러한 화교들이 중국과의 마찰이 생길 시 중국 정관계 인사들과의 인맥을 통해 조율 역할을 하는 점, 그리고 싱가포르의 강점인 금융·보험 서비스업, 고부가가치 제조업 노하우를 중국이 탐내며 벤치마킹하길 원한다는 점도 들었다.

마지막으로 그는 싱가포르의 외교력을 들었다. 일찍이 싱가포르는 중국과 대만 관계 개선에 '적극적인 중재자' 역할을 자처해왔다. 중국 대륙과 대만 사이의 조율이 필요할 때 싱가포르가 '물밑 연락 채널' 역할도 톡톡히 했다. 한 예로 2015년 11월 중국과 대만의 두 지도자가 싱가포르에서 역사적인 첫 정상 회담을 가졌다. 분단 66년 만에 일이다. 원래 회담 장소로 거론 된 곳은 싱가포르가 아니라 홍콩이었다. 하지만 홍콩은 우산혁명Umbrella Revolution 이후 반중反中 정서를 드러내 중국 정부는 시진핑 주석의 방문 시 시위를 벌일 수 있다는 점을 염려했다. 이에 중국은 제3국에서 회담을 갖기로 제안했고, 대만 측에서 1993년 양안이 첫 고위층 접촉을 했던 싱가포르를 제안하면서 결국 싱가포르가 낙점된 것이다.

싱가포르도 아닌 한국, 인도도 아닌 한국

한국은 싱가포르가 아니다. 한국은 인도도 아니다. 싱가포르는 한국보다 훨씬 작은, 면적이 겨우 여의도 크기만 한 도시 국가이지만 처음부터 일관된 원칙, 화교 자본과 투자, 중국 인맥, 중국이 배우고 싶어 하는 서비스업과 외교력을 지니고 있다. 심지어 트럼프 대통령과 김정은 국무위원장의 첫 정상회담 유치를 따낸 곳도 바로 싱가포르이고, 아시아 역내 최대의 안보회의인 '샹그릴라 대화'를 개최하는 장소도 싱가포르이다.

 * 여기서 아쉬운 한 가지 사실은 샹그릴라 대화를 주관하는 영국 싱크탱크 국제전략문제연구소IISS, International Institute for Strategic Studies가 아시아에서 이 회의를 개최하기 위해 처음 타진한 곳이 한국이었다는 것이다. 당시 한국은 이 회의의 중요성을 인지할 만한 전략적 안목이 부족했고 결국 싱가포르가 호스트로 나섰다. 한국은 뒤늦게 이 회의의 국제적 인지도와 영향력이 주는 가치를 깨닫고 한국판 샹그릴라 대화 격인 서울안보대화SDD, Seoul Defense Dialogue를 2012년부터 개최하고 있다.

인도는 인구 면에서 13억 명으로 중국과 비견할 만하며, 이미 핵무기를 보유한 강국이자 명목 금액 기준 국내총생산GDP, Gross Domestic Product은 2조 2,653억 달러로 2017년 세계 6위이다. 세계에서 가장 큰 민주주의 국가인 인도는 아시아에서 '중국을 견제할 코끼리'이다. 미국이 그런 용도로 점찍어두고 친화적인 유인책을 계속 사용하고 있는 나라이기도 하다. 미국의 우방이면서도 인도는 세계에서 러시아산 무기를 두 번째로 가장 많이 구입하는 국가이다.

미국은 화가 나지만 중국 견제 때문에 벙어리 냉가슴만 앓는다. 제재를 하겠다고 호통을 쳤긴 하지만 막상 실행도 못 하고 있다. 인도가 러시아로부터 도입한 미사일 방어체계 S-400은 '러시아판 사드'로 중국이 주요 견제 대상인데 중국 정부도 이렇다 할 불만을 공개적으로 표출하지 않고 있다. 중국 정부가 한국의 사드 배치에 취했던 보복 조치가 인도에 대해선 적용되지 않고 있는 것이다. 인도는 미중 사이에서 자유롭다.

한국은 왜 선택을 해야 하는가?

한국은 미국을 선택해도 진다. 바로 옆에 있는 중국이 가만히 있지 않을 것이기 때문이다. 한국은 중국을 선택해도 진다. 동맹인 미국과의 관계가 파탄날 것이기 때문이다. 안보는 미국, 경제는 중국에 의존하고 있는 상태에서 어느 것 하나 포기할 수 없다. 미국을 선택해도 지고, 중국을 선택해도 진다. 미국과 중국을 다 선택해야 한다. 결국 미중 사이에서 어느 하나만 선택하는 것은 '루즈-루즈lose-lose' 하는 것이다.

그래서 한국의 최선책은 미중 모두를 선택해서 둘 다와 사이좋게 지내는 것이다. 이렇게 하면 '윈-윈win-win'이 된다. 그런데 문제는 그러한 옵션이 한국에 있냐는 것이다. 중국은 한국한테 자기를 선택하라고 하고, 미국은 한국

한테 자기를 선택하라고 한다. 그리고 미중 양국의 관계는 갈수록 경쟁 대립 구도가 심화되는 방향으로 진행되고 있다.

만약 한국이 미중 양국 사이에서 줄타기하는 모습을 보이거나 선택을 미루는 모습을 보일 때 미중 양국 모두로부터 한국이 기회주의적으로 처신하고 있다는 미움을 받을 수 있다. 러브콜이 아니라 양쪽으로부터 방기^{abandon}의 리스크에 노출되면서 한국에게 가장 좋지 않은 '루즈-루즈'의 상황에 놓일 가능성도 배제할 수 없다.

한국의 현실은 녹록치 않다. 한국이 미국을 선택하면 중국의 미움을 살 것이고, 중국을 선택하면 미국의 미움을 살 것이다. 그래서 되도록 양쪽 가운데서 어느 한쪽을 선택하고 싶어 하지 않는 것이 생존 본능이다. 하지만 펠로폰네소스 전쟁 때처럼 유사 이래 강대국들은 중간에 위치한 국가들에게 선택을 강요하는 오랜 버릇을 버리지 못할 것이다.

미중 패권 경쟁은 이미 시작되었고 우리가 알고 있던 과거 생존 패러다임은 더 이상 유효하지 않다는 현실을 직시할 수 있어야 한다. 과거에 미중 관계를 긍정적으로 바라봤던 한 주요 패러다임은 '미중이 서로 티격태격하지만 서로 싸우면 결국 둘 다 손해라는 것을 알기 때문에 결국 타협을 선택할 것이다'였다. 동일한 패러다임을 미중 무역전쟁에 적용하면서 낙관적으로 보던 시각이 요즘은 흔들리고 있다. 패러다임이 현 상황을 설명하지 못하면 그 패러다임을 버려야 한다.

한국은 미중 모두를 선택하고 싶지만 선택권은 없다. 한국은 미중 사이에서 선택을 하고 싶지 않지만 기권의 권리도 없다. 결국 한국의 가장 이상적인 선택지는 없다. 오직 차선책만 존재할 뿐이다. 한국은 미중 사이에 선택을 해야 한다. 선택을 강요받지 않기 위해서라도 선택을 해야 한다.

한국이 미중 사이에 선택을 해야 한다면 어떤 '기준'에 의하여 그렇게 할 것인지에 대한 사회적 협의를 해야 한다. 한국은 미중 사이에 어느 쪽을 선택했는지 광고하며 다닐 필요는 없다. 한국이 그 정도로 어리숙하지는 않다. 하지만 내부적, 전략적 판단과 그에 대한 사회적 공감대는 가지고 있어야 한다. 그리고 이제라도 그 정책을 일관성 있게 추진해나가야 한다. 한국은 이미 미중 사이에서 일관성 없는 모습을 너무 많이 보여준 전과前過가 있다.

미중 사이에서 선택할 때 가장 우선적 기준은 국익인데 여기서도 전략적 우선순위에 따라 선택해야 한다. 예를 들어 만약 현 시점에서 한국 국가적 우선순위가 북핵 문제 해결이라면 한국은 미중 사이에서 어느 국가가 북핵 문제 해결에 관건적 역할을 할 것인지 판단해야 한다. 미중이 서로 협력해서 북핵 문제를 해결해줄 것이라는 희망적 사고에 의존하지 말아야 한다. 미중 사이의 한 국가를 북핵 문제 해결의 주 협력국가로 삼고, 다른 한 국가는 관리의 대상으로 삼아 훼방의 리스크를 줄여가야 한다.

국가적으로 위중한 상황에서는 안보와 경제 사이에서도 경중을 다시금 따져보고 다시금 선택을 해야 한다. 국제 사회도 차등적 관계이다. '동맹'이 있고, '전략적 파트너'도 있으며, '동반자'도 있다. 심지어 북중 관계를 규정하는 관계인, 전 세계에서 단 하나밖에 없는 '전통적 우호관계'란 것도 있다. 다른 국가들은 이러한 기준을 설정하고 한국을 상대하고 있다. 한국도 국제 사회의 이러한 '룰'을 존중해주어야 한다. 한국이 표방하는 '미들 파워'는 미국과 중국 사이 딱 '중간'에 위치한 국가란 뜻이 아니다.

부록

한반도를 둘러싼 미중 관계를 심층 분석해놓은
최신 리포트

세종연구소 중국연구센터에서 발표한 최신 보고서를 통해 미중 관계의 현 상황을 알아본다

1. 트럼프 행정부의 동아시아정책과 한미관계

2. 미국 전문가들의 한반도 상황과 동아시아 정세 인식

트럼프 행정부의
동아시아정책과 한미관계

핵심 요약

　환구시보는 중국의 대외 여론전에 사용하는 가장 잘 알려진 국제 신문으로, 이 매체를 둘러싼 '오랜 논쟁'은 환구시보가 과연 중국 정부의 입장을 대변하는가의 문제임.

- 환구시보는 '관방성'state mouthpiece과 '시장성'market-oriented의 이중적 성격을 동시에 갖는 매체로서, 이러한 점이 유발하는 혼동을 정략적으로 대외 여론전에 활용하고 있음.
- 그렇지만 정부 내부의 '분위기'sentiment'를 반영하는 것이 꼭 실제 '정책'policy으로 연결되지 않는 것처럼 환구시보의 시각이 중국 정부의 정책으로 연결되는가 여부를 주목해야 할 것임.

1. 한미 현안

가. 한미 동맹

▌제임스 매티스 국방장관 방한

- 트럼프 취임 후에도 여전히 지속되는 불확실한 정세속에서도 김관진
  과 마이클 플린의 회동, 트럼프와 황교안 권한 대행과의 전화 통화, 제
  임스 매티스 국방장관의 첫 순방지가 한국인 점, 그리고 틸러슨 국무장
  관과 윤병세 외무 장관의 전화 통화는 한미동맹에 있어 매우 안정적인
  신호가 됨.

※ 놀라운 것은 트럼프를 비롯한 미국측 인사들이 한국에 대해서 지금까
  지의 한미동맹의 틀을 존중하는 발언을 한 점임. 미국의 다른 중요한
  동맹인 호주 총리와 트럼프의 전화통화에서 발생한 불미스러운 일이
  한국측과는 현재까지 발생하지 않은 점은 다행한 일임.

- 동맹을 소홀히 하는 발언을 했던 트럼프의 행보로 볼 때 이같은 동맹
  에게 안심을 주는 행보는 워싱턴 정가의 관찰자들 조차도 안심하면서
  도 의외라는 인상을 줌. 그만큼 워싱턴 정가도 트럼프의 행보에 대해
  예측하기 곤란함을 경험하고 있음.

▌동맹 중시

- 대통령 후보로서 트럼프는 동맹의 가치를 홀대하는 발언을 하였으나 국방
  장관의 첫 순방지로 한국을 택함으로써 동맹에 대한 불안감을 가시게 함.

- 첫 순방지로 한국을 선택한 것은 매티스 장관 개인의 선택이었던 것으
  로 파악되고 있음. 트럼프 행정부가 아직 동맹에 대해서 일관된 계획을
  가지고 있지 않은 상태에서 동맹을 중시하는 정통파 군인 매티스가 이
  니셔티브를 취한 것이라는 해석이 있음.

- 이번 방문에서 매티스 장관은 ▲한미동맹 ▲사드 배치 ▲한-미-일 3
  각 안보 협력체제 강화에 역점을 두었음.

- 정치 배경이 없는 트럼프 측을 상대로 한국은 트럼프가 받아들일 수
  있는 방식으로 동맹의 중요성을 가르치는 것이 새로운 도전임.

※ 한국이 특별히 우려해야 하는 것은 트럼프 행정부가 한미 동맹이 단
  순히 북한에 대한 방위 차원에서가 아니라 미국의 동아시아 전략에 참
  여하는, 즉 한반도를 벗어난 지역 방어 역할에 대한 주문이 올것에 대
  한 준비를 하는 것이 바람직함.

▌한국 현 정치 상황에 대한 미국의 걱정

- 한국은 트럼프 행정부의 예측 불가능성을 걱정하고 있으나 미국은 한
  국의 현 불안정한 정국 상황을 우려하고 있음.

- 특히 현재의 한국 탄핵 정국 향방과, 이후에 치를 대통령 선거에서 야

당 후보가 당선될 경우 그것이 전반적인 한미관계와 사드배치 등 한미 동맹에 미칠 여파에 관심을 가지고 주시하고 있음.

나. 한미 FTA

▌'희생양'을 찾는 트럼프 행정부

- 트럼프 행정부는 대선 기간 동안 불공평한 무역에 대해서 누차례 언급을 하였고 거기에 한국도 포함되어 있으므로 자세를 낮출 필요가 있음. 특히 트럼프는 유권자들에게 어필할 목적으로 '희생양'을 찾아 시범케이스로 삼을 수 있음. 한국은 이런 점에 유의해야 함.

▌한미 FTA 재 협상 가능성 높아

- 한미 FTA는 트럼프 행정부에서 재협상 요청을 할 가능성이 높음을 인식하고 이에 대한 사전 대비와 협상 준비를 하는 것이 바람직함.
- 한국은 중국처럼 트럼프가 '환율조작국'으로 거론하지는 않았지만 그럼에도 안심할 단계가 아님. 트럼프는 환율조작으로 미국기업이 손해를 본다고 생각하고 있음.
- 트럼프 행정부에서 기존의 '자유 무역'free trade는 '관리되는 무역'mananged trade로 바뀌고 있음에 유의.
- 트럼프는 아시아에서 동맹관계는 강화하면서도 동시에 무역관계는 매

섭게 나올 수 있음.

※ 트럼프는 '비외교적 행동'undiplomatic behavior를 나쁘게 인식하지 않음에 주의.

▌수치화된 자료 제공이 열쇠

- 한미 무역 관계가 미국에 도움이 된다는 사실을 수치로 보여줄 수 있는 자료를 준비하는 것이 매우 중요함.

- 또한 향후에 미국 경제나 일자리 창출에 도움이 될 만한 계획을 가지고 있음도 밝히는 것이 유리함. 예를 들어 한국이 미국으로부터 LNG 등 에너지 자원을 더 수입할 계획을 가지고 있다면 이를 영자 신문 등을 통해 기사화하고 또 트럼프 측과 협상 시에 참고 자료로 제공하는 거이 바람직함.

※ 미국에 투자할 일이 있으면 그것을 매우 공개적으로 하는 것이 트럼프 시대에서는 바람직함.

※ 코러스로 인해 미국인이 직장을 잃은 사례가 한 것도 없음. 오히려 코러스로 미국인 일자리가 늘었음. 즉, 코러스는 미국의 경제에 도움이 되고 있음. 이점에서 코러스는 나프타 등 다른 FTA와 다름.

다. 북한/핵 인식

▌북핵 문제의 우선 순위가 높아짐

- 북한은 트럼프의 행정부의 정책 순위에서 상층에 속해 있음ᵃ top agenda로 인식되고 있음.

- 허나 북한에 대한 트럼프의 기존의 언어와 대통령으로 취임한 그의 정책 간에 얼마만큼의 상관관계가 있을 지는 여전히 조금 더 관찰기간이 필요함. 우선 대북정책을 담당할 실무자들이 아직 임명되지 않은 상태임.

- 신 행정부의 대북 정책 리뷰는 약 6개월 정도 소요될 예정임. 더불어 최근 미국 상·하의원이 각각 대북정책 리뷰 전문가 증언을 가짐.

▌북핵 문제에 있어 '중국 책임론'과 '중국 역할론'의 심화

'북한/핵 문제는 중국이 풀어야한다'North Kora is China's problem to fix는 북핵 문제 해법에 있어 소위 '중국 책임론'이 오바마 행정부 때보다 심화될 것으로 예상됨.

※ "중국은 북한 문제에 관한 것이라면 완전히 해결할 능력이 있다"China is totally powerful as it relates to North Korea, 2016.9.27.

☞ 트럼프의 발언은 북한이란 '조그만' 나라가 중국이란 대국의 영향력 안에 '종속'되어 있다고 믿는 것을 보여줌. 미국의 카툰은 종종 북한을 망나니 아들로, 그리고 중국을 이런 아들을 통제하지 하지 않는 아버지로

묘사함. 즉, 북한 문제의 근본은 북한이 아니라 중국이며, 중국을 통제하면 북한이 통제된다는 강대국의 시각을 투사함. 우리는 중국에 압력을 넣어 그 문제를 풀게 해야 한다."China should solve that problem and we should put pressure on China to solve the problem, 2016.1.6

- 트럼프의 시각은 중국의 대북 영향력 실체와 상관없이 그가 미국 최고 통수권자이기 때문에 정책적 무게감을 가지게 됨.

▌트럼프 행정부 요직에 지명된 인사들도 트럼프의 '중국책임론' 시각을 반영

예를들어, 유엔주재 미국 대사 내정자인 니키 헤일리의 가장 최근 발언 2017.1.19.을 보자면 역시 '중국 역할'과 '중국 책임'을 강조하고 있음.

"만약 내가 중국의 협조를 얻어 제재를 정말 강화하면 우리는 마술같은 일을 만들 수 있다'make magic'.

"북한이 핵 개발의 속도를 늦추기 시작하도록 만들기 위해 중국과 다른 나라들에 대한 압박도 계속해야 한다."

"중국은 현재 무슨 일이 일어나는지 알고 있다. 북핵은 중국에도 좋지 않다는 것을 지속해서 인식시켜 나가야 한다."

☞ 최근 북핵 문제 해결을 위해 중국의 역할에 큰 기대를 했다가 좌절을 경험한 한국입장에서는, 그리도 또 북핵 문제에 있어서 '중국 책임론'이 실상은 '전략적 인내' 정책의 합리화에만 기여하여 미국정부가 북핵 문제에 정책적 자원을 충분히 투입하지 않고 방관하게 했다는 반성이 미국

내에서도 나오고 있는 상황에서 트럼프 행정부의 이러한 '중국 역할론' 기조를 여전히 따라갈 것인지에 대한 한국은 고민하고 있음.

┃트럼프 시대 아태지역 안보에서 '북핵' 문제 중요성 인지가 증가함

김정은의 신년사 ICBM 언급에 대해 트럼프가 즉각 트위터를 통해 반응함. "That won't happen!"

트럼프 본인의 여러 북한 관련 발언으로 트럼프 행정부 내에서 북핵문제의 비중에 대한 인지가 고조된 면이 있음.

허나, 이러한 '문제의 인지'가 실제 '정책'으로 이어질지는 조금 더 관찰이 필요함.

오바바 행정부와 비교해서 트럼프 행정부의 아태전략 안보 비중이 높아진 것이 두가지가 있음. 하나는 남중국해이고 또 하나는 북한임. 그러나 둘다 정책적으로 비용이 많이 드는 아이템이기 때문에, 트럼프 행정부에게 정책 부담이 될 수 있음.

트럼프의 입에서 언급이 되었고 큰 주목을 받은 점이 좋은 것이 아니라 '양날의 칼'이 된 측면이 있음. '실행하자니 엄청난 재앙이 될 것 같고' disastrous to keep, 그렇다고 '안하자니 미국의 체면에 손상을 입을 것 같은' costly to abandon 측면이 있음.

▍북한 ICBM 발사에 대한 미국의 3가지 대응 시나리오

북한 ICBM 발사 실험에 대해서 미국은 다음의 세가지 대응 시나리오가 있음. ▲선제공격 ▲공중 요격 ▲방관.

선제공격은 잘못된 표적을 맞추거나 이에 따른 북한의 물리적 대응을 초래할 수 있음.

날아가는 ICBM을 공중 요격하는 것은 기술적으로 여전히 도전적이고 100% 보장이 안됨, 특히 하강시 가속도가 붙으면 더욱 요격이 어려워짐. 이럴 경우 미국측은 확률을 높이기 위하여 자체적으로 다수의 요격 미사일을 쏴야 하는 상황이 발생할 수 있는데 이는 전면전으로 확전의 가능성이 있음.

위의 두가지 시나리오가 부담스러운 미국은 세 번째 방법으로 북한이 ICBM 실험을 진행 하도록 한 뒤 제재 강화의 일환으로 '세컨더리 보이콧'을 할 수 있음.

※ 애슈턴 카터 미국 국방장관은 8일^{현지 시각} 북한의 대륙간탄도미사일 ^{ICBM} 발사 위협과 관해 "만약 그것이 우리를 위협한다면, 또 우리 동맹이나 친구 중 하나를 위협한다면 격추할 것"이라고 밝혔다.

※ 그의 발언이 파문을 불러일으키자 카터 장관은 2017년 1월10일 퇴임 전 마지막 인터뷰에서 만일 북한의 대륙간탄도미사일 시험발사가 미국과 미국의 동맹에 위협이 되지 않는다면 미국이 격추하지 않을 수 있다고 말을 수정함. 그는 이렇게 하는 것이 미국에 더 이득이 되는 것

으로, 첫째는 요격기를 절약하고, 둘째는 비행 중 미사일 정보를 수집하기 위한 목적이라고 설명했습니다.

※ 한국 언론의 '선제공격론'은 한국언론이 조금 앞서 나간 것임. 그럼에도 불구하고 선제공격을 포함한 이전에 거론되지 않았던 다양한 대응책을 다 포함해 고려하고 있는 점은 주목할 점임. 또한 북핵 문제에 진전이 없을 경우 미국이 군사적 옵션을 고려할 수 있다는 점을 중국에 알려 중국이 북핵 문제에 있어서 더욱 전향적인 태도를 취할 수 있도록 하겠다는 생각을 가지고 있음.

▌대북 제재

- 세컨더리 보이콧
- 미국은 2017년 1월 이란이 미사일 실험을 한것에 미국측이 어떤 반응을 보이는지를 북한이 또한 주시할 것이라는 점도 고려하고 있음. 만약 북한이 미사일 실험을 했을 때 미국이 어떠한 반응을 보일 것인가에 대한 준거로 삼을 수 있음.

▌미국은 사드보다 북한 ICBM에 더 큰 관심

한국에서는 사드 배치 문제가 중국의 강경 반응과 결부하여 언론에 부각되고 있으나 미국에서는 북한의 ICBM에 더 큰 관심을 가지고 있음. 이는 북한의 장거리 미사일이 미국 본토에 대한 직접적 위협 가능성이 높아지고 있기 때문임.

- 북한의 ICBM 위협에 대하여 현재까지의 미국의 주류 대응 방안은 '비 군사적'non-kinetic인 방법임. 허나 일부에서는 군사적인 옵션도 테이블에 서 배제하지 않아야한다는 의견이 이전보다 더욱 담론화되고 있음에 유 의해야 함.

라. 한국의 대선

▌첫 방문지로 한국/일본 선택

2. 트럼프 행정부 출범에 대한 워싱턴 정가의 시각

가. 여전히 불안하고 불확실이 많은 상태

▌가시지 않은 충격과 혼란

- 트럼프 당선은 여전히 미국 정가에서 '예측하지 않은'unexpected은 이 변으로 그 충격의 여파가 가시지 않음. 이러한 상황속에서 '불확실성' unpreditability은 현 미 정국을 상징하는 단어임.

- 변칙적인 트럼프가 당선이 되면 '비즈니스맨 트럼프'와는 달리 '대통령

트럼프'의 모습을 보일 것이라는 항간의 기대와는 달리 여전한 혼란이 존재함.

- 대법원 판사 임명, 내각 임명, 오바마케어 취소 행정명령, TPP 탈퇴 선언, NAFTA 재협상 등등.

- 심지어 그 혼란이 7개국 이민자 입국 금지령처럼 더욱 가중되는 양상도 보이고 있음.

※ "매일 새롭고 다른 혼란을 겪고 있다."Everyday we have a new, different crisis

- 전임자 오바마 대통령의 정책의 상당 부분을 거의 다 뒤엎는 전례없는 변화에 대해 불안감 표출.

- 트럼프가 이민 반대 정책을 취하는 것은 현재 '노령화'가 되가고 있는 세계적 추세에서 미국에 젊은 노동력을 제공해주는 근원을 막는 것이기 때문에 궁극적으로는 미국의 국익에 반하는 행동이라는 지적이 있음.

▌주요 보직이 임명 안됨

- 트럼프가 대통령의 취임한지 3주가 되다고 있으나 아직도 많은 주요 보직의 임명이 의회 청문회를 통과하지 못한관계로 지연되고 있음.

- 이는 미국 역사상 가장 늦게 대통령의 행정부를 구성하는 장관급 인사들이 구성되는 사례임. 이는 통상의 임명 스케줄에 비해 턱없이 늦는 것임.

- 국무부은 렉스 틸러슨이 마침내 의회의 비준을 받고 국무장관에 취임하였으나 실무를 담당하게 될 차관이 아직 결정 안된 상태이며, 미국 국무부의 주요 보직은 2017년 여름, 국무부가 전체적으로 새 행정부 체제를 갖출려면 2017년 연말까지도 걸릴 수 있다는 시각이 있음.
- 이러한 인사 적체는 국무부 뿐만 아니라 상무부, 트레줘리 도 마찬가지임.

▌트럼프 진영 내부의 경쟁과 혼선

- 트럼프 진영은 서로 이전에 알지 못했던 다양한 배경을 가진 사람들이 모인 군체로 그들간 주도권을 둘러싼 경쟁이 매우 심함. 트럼프 본인은 이러한 내부적 경쟁을 막기 보다는 오히려 부추기는 것이 그의 리더십 스타일임. 이에 현재 트럼프 행정부에 요직으로 임명되었으나 앞으로 멀지 않은 장래에 주도권 경쟁에서 밀리거나 본인이 트럼프와 정치적 노선에 환멸을 느껴 자신 사퇴하는 등 '내부의 분열'을 점치는 시각도 있음.

나. 분열된 미국

▌투표에 지고도 당선된 대통령

- 트럼프는 대선에서 선거인단에서 승리하여지만 절대적인 투표인 수에서는 경쟁자인 힐러리 클린턴보다 2백5십만 표나 뒤떨어지는 소위 '투표에 지고도 이긴'대통령임. 이에 그에 대한 호불호가 갈림에 따라 그

는 미국 국론을 갈라놓는 인사가 됨. 이에 더해 대통령이 되고 나서도 후보때처럼 갈짓자 파격적인 행보를 보이는 그는 논란의 중심에 있음.

※ 트럼프는 '불쾌감과 신뢰감을 동시에 주는'both repelling and authentic 논란적인 인물임.

- 장관급 보직이 청문회 인준을 받지 않은 2주동안 국정경험이 전현 없는 트럼프와 역시 국정경험이 거의 없는 인물로 구성된 백악관이 실상 미국의 주요 정책 사항을 결정하는 현상을 겪는 동안 많은 혼란을 겪음.

- 장관급 인사들로 예를 들러 국무장관 틸러슨도 정치 경험이 없어서 그가 과연 복잡한 부처간의 조율의 어려움을 충분히 숙지할 수도 있는지에 대한 의구심도 부각됨. 이렇듯 트럼프 행정부에 출범에 대해 아슬아슬하게 마음을 놓지 못하는 현상이 지속되고 있음.

▎'분열'을 이용하는 트럼프

일각에서는 이러한 사회적 '분열'과 '혼동'을 트럼프가 사실 이용하고 있으며 실제로 트럼프에게 도움이 된다는 시각이 있음.

- 과거의 대통령과는 달리 자기는 확실히 뭔가 다른 '변화'를 보여주는 모습에서 그의 지지자들은 오히려 환호하는 모습도 보임.

※ "이게 바로 '변화'다. '변화'라는 것은 이런 것이다"라는 것을 보여주어 트럼프가 군중심리를 자극하고 선동한다는 시각이 존재함.

▌'변화'의 코드를 확실히 보여주어 다른 기대를 갖게 만든

- 트럼프는 '변화'의 코드를 임기 초기에 확실히 보여주어 사람들이 전임 대통령들에게 했던 기존의 기대를 갖게 못하게 하는 심리기제를 억제 해버림.

- 동시에 이러한 '변화'의 상징성은 미국 국내에만 적용되는 것이 아니라, 미국을 상대하는 동맹국 등 다른 국가들에게도 '기존의 방식으로 미국을 상대해서는 안된다'는 시그널을 확실히 보냄.

▌정통 공화당 인사들 트럼프에게 '공화당 가치' 주입시키려

트럼프가 공황당 후보로 비록 당선되었으나 공화당의 정통적 가치을 이어받기 보다는 '제3노선'을 가진 아웃사이더로 여전히 인식되는 바, 공화당은 어차피 트럼프가 공화당의 대통령이 되었은 바 그에게 임기중 공화당 가치에 대해 '코치'coach하려고 함. 이들은 트럼프 행정부에 대해 '조심스러운 낙관'cautiously optimistic함.

▌트럼프의 견제 세력

- 트럼프가 고문을 다시 해야한다고 했을 때 제임스 매티스가 '고문을 해서 중요한 정보를 얻어내려고 하는 것보다 담배와 맥주를 포로에게 주는 것이 실토하게 만드는 데 더 효과적이다'라는 발언이 트럼프의 고문에 대한 생각을 바꾸게 만든 일화는 유명함. 이처럼 트럼프 주위의 있는 경

험이 많은 원로들이 고집불통의 트럼프를 견제하는 효과가 있다고 봄.

- 미국 대통령은 대부분 CIA 등 정보기관과 원만한 관계를 유지하였으나 트럼프는 초기에 정보기관에 대한 불신을 표명하고 대립각을 세우기도 하였음. 허나 취임 후 그 다음날 CIA 본부를 찾아가 격려를 하면서 관계회복을 시도함.

- 의회는 여전히 트럼프가 추진하려는 정책을 점검하는 견제세력이 될 수 있음.

- 그밖에 언론, 시민단체, 독립된 사법부, 전문화된 관료집단이 트럼프의 갈짓자 행보를 어느 정도 견제할 수 있을 것으로 기대됨.

※ 시민단체들은 미국의 세금납부기한 마감일은 4월15일에 트럼프에게 세금 납부 기록을 공개하도록 촉구하는 전국적인 시위를 개최할 계획을 가지고 있음. 억만장자 트럼프는 세금 납부 기록을 공개하지 않아 대선기간에도 비판을 샀음.

다. 탄핵 가능성

┃탄핵 가능성은 현실적으로 낮아

- 당선된지 20일 밖에 되지 않았지만 돌출 행보를 보이는 트럼프에 대해 벌써 미국 일각에서는 그에 대한 탄핵설이 나오고 있음. 허나 이는 현실적으로 성사될 가능성이 낮음.

- 가장 큰 이유는 트럼프가 공화당 대통령이며, 현재 공화당이 상하 양원을 장악하고 있는 상황임. 이런 상황에서 공화당이 공화당 출신 대통령 탄핵하는 것은 공화당의 지지를 약화시키는 것임.

- 다른 한 방법은 미국 수정헌법 제25조 4항에 명시된 대통령의'임무수행의 정신적 불능^{inability} 상태'의거할 수 있음. 이는 대통령이 정신적으로 문제가 있어 정상적인 국정수행을 할 수 없다고 부통령과 15개 부처의 장관이 상하원에 통보하는 형식을 거치면 되는데 이들 모두가 트럼프에 의해 지명된 사람들로 트럼프에게 호의를 입은 인사들이기 때문에 역시 가능성이 희박함. 역사적으로 볼때도 수정헌법 제25조 4항은 한번도 사용된 적이 없음.

- 그럼에도 불구하고 트럼프의 파격적인 행보는 그의 탄핵 가능성에 대한 여러 언론의 추측을 자아내고 있음.

라. 트럼프와 소셜 미디어

▎트위터로 유권자와 직접 소통

- 트럼프는 정치엘리트를 비판하고 외국이민자를 위협으로 몰아세우면서 자기에게 부정적인 언론매체를 우회해서 소셜미디어를 통해 유권자와 직접 소통하는 컴뮤니케이션 행태를 보이고 있음.

- 캘리안 칸웨이^{Kellyanne Conway}는 트럼프의 트위터 사용 남발이 문제를

야기하고 많은 오해를 일으키자 트럼프의 입에서 나오는 말보다는 트럼프의 마음 속에 무엇이 들어있는가judge Donald Trump based on what's in his heart rather than what's come out of his mouth로 트럼프를 판단해야 한다고 함.

마. 트럼프는 '좌충우돌' 아니면 '의도적'인가?

▌트럼프가 '의도적'인지에 대한 논쟁
- 트럼프의 좌충우돌적인 행동이 사실은 고도로 계산된 것이며 사실 그는 '디자인'을 갖고 있다는 시각과 그렇지 않다는 시각의 혼재.
- 예를 들어 7개국 시민 미국 입국금지는 본래 홈랜드시큐리티가 사법부가 주도로 하는 것인데 트럼프는 테러의 위협으로부터 미국을 보호하기 위해 시행한다는 것을 부각시킬 요량으로 국방부가 발표하게 함.
- 이 집행이 '테러와의 전쟁', 'ISIS로부터 미국을 보호하기'라는 국내용 내러티브를 의도적으로 이용함.

▌트럼프가 '게임 플랜'을 가지고 있다는 시각
- 트럼프가 좌충우돌, 예측 불가능하게 움직이는 것이 아니며, 사실 그의 정책이 윤곽이 매우 뚜렷하다는 시각이 존재함.
- '친러' 경향 뚜렷. '반중' 경향 뚜렷.
- 국가간 관계가 '가치', '우호', '동맹' 등 전통적인 기준에 의하지 않고

'거래'transaction의 시각으로 보는 경향 뚜렷.

※ "트럼프 행정부가 뭘 하려는 것인지에 대해서 오해가 있을 수 없다. 자신들의 의도에 대해서 매우 투명하기 때문이다."

※ "트럼프는 무역trade에 대해서 지난 30년간 일관된 태도를 유지해 왔다. 트럼프에 대해서 '불확실'하다고 말하는 사람들은 트럼프가 그들이 원하는대로 바뀔 것이라고 기대하기 때문이다. 그것은 '희망적 사고'wishful thinking이다."

3. 미국 신 행정부의 동아시아 정책

가. TPP 탈퇴

▌트럼프의 TPP 탈퇴 선언

- 트럼프의 TPP 탈퇴 선언은 한국, 일본 등 아시아 동맹 국가의 염려를 불러일으키고 있음. TPP는 중국이 빠진 아태지역 12국가의 경제연합체로 실질적으로는 미국의 리더십이 중심이 된 정치연합이라고 인식되고 있음.

- 미국의 탈퇴는 트럼프 행정부의 '고립주의'의 반영으로 비쳐지고 있으며 중국의 부상을 우려하는 지역 국가들의 우려를 자아내고 있음. 트럼

프의 이러한 성향을 '경제적 민족주의자'economic nationalist로 정의하기
도 함.

- 또한 이로 인한 미국의 지역 영향력 쇠퇴는 중국 중심의 경제연합체인
RCEP의 자연스런 지역에서의 영향력 상승으로 이어지면서 미국의 국
익에 반하는 결과를 초래함.

▌다자 무역 체재를 믿지 않는 트럼프

- 트럼프는 다자무역체제를 믿지 않기에 TPP에서 탈퇴함. 이는 트럼프의
대선기간 공약에도 들어가 있는 것이고.

- 이는 놀라운 일일지는 모르지만 충격적인 것은 아님. "트럼프에게서
기대되어졌던 일이 벌어진 것."

- 트럼프가 TPP에 재가입하는 것은 일어나지 않을 것이라고 봐야함.

※ 그는 신조 아베 수상을 웃음으로 마지하였지만 그가 백안관을 떠나자
바로 TPP 탈퇴를 재천명하였고, 취임식 후에 그것을 실행함.

▌'어메리카 퍼스트' 중상주의 도래

　미국의 TPP 탈퇴는 '어메리카 퍼스트'의 중상주의가 도래한 것으로 볼
수 있으며 그 핵심 단어는 '거래'deal이고, 핵심 질문은 '거래가 가능한가?'임.

나. 미중관계

▌대중국 강경노선

- 소련의 붕괴 이후 '포스트 냉전시대'를 겪은 지난 20여년간 중국의 전횡에 대해 미국이 중국에 너무 관대했다는 인식이 대두함.

- 트럼프는 미국이 월등한 힘을 과시하면 기세등등한 중국도 결국 꼬리를 내릴 것이라고 믿음. 이는 소위 '힘에 의거한 평화'peace through strength 슬로건에 표현되어 있음.

- 특히 중국이 북핵문제에 있어서 충분한 역할을 하지 않았고, 대만 문제에 있어서 주도권을 잡았고, 미중 무역불균형 시정 문제 등에 있어서 개선적인 조치를 취하지 않았다는 다년간 누적된 불만이 표면화 됨.

- 트럼프 취임 후 2주동안 트럼프는 한국의 황교안 권한 대행, 일본의 신조 아베 등 주요국 지도자 18명과 전화 통화를 하였으나 중국 시진핑과는 이 시점까지 전화통화를 하지 않음. 트럼프가 시진핑을 '무시'하는 전략을 쓰고 있다는 평가가 나옴.

▌중국에 대한 미국의 누적된 불만

- 이는 트럼프 뿐만 아니라 미국 의회, 민주당과 공화당 모두, 그리고 오랫동안 친화적인 대중정책을 펴도록 로비를 펴왔던 미국의 비즈니스계 등 미국 전체가 여야 할 것없이 오랫동안 중국에 대해 누적된 피로

감과 피해의식을 표출함. 특히 후자의 경우 중국측의 지적재산권 침탈,

사이버 해킹, 외국기업에 대한 차별적 대우 등에 갈수록 폭증되는 불만

을 가지고 있음.

- 미국은 초강국으로서 중국에 대한 지렛대를 가지고 있음에도 중국과

충돌을 피할려고 그러한 지렛대를 사용하지 않았다는 인식의 증대. 지

금까지 중국에 대해서 '부드러운 방망이'soft stick을 써봤는데 중국이 말

을 듣지 않고 있는 상황에서, 어디 한번 '매운 방망이'hard stick를 가용

할 때라는 인식이 대두됨. 트럼프 정부는 오바마 때와 달리 특히 중국

의 행동을 교정하기 위해서는 중국과의 충돌을 우려하지 않는 접근법

을 구사할 것으로 예상됨.

- 트럼프 행정부는 중국의 적대적인 행동을 하는 것에 대해 두려움을 덜

느낌much lesser fear of antagonizing China.

※ 트럼프 행정부의 대중국 강경노선에 따른 요구사항에 중국이 100%

수용하지 않을지라도 이런 강한 드라이브에 따라 중국이 더욱 전향적

인 모습을 보이고 양국간 문제가 있는 영역에 있어 이전부터 더욱 협

조적인 자세로 나올 것이라는 판단을 함.

※ 중국의 행동을 바꿀려면 중국에 대한 '지렛대'가 필요하고, 이에 미국

은 중국의 이익과 관련된 부분에 대해 제동을 걸기 시작한다는 것임.

중국의 경제에 압력을 부하하고, 남중국해 있어서도 미국이 더욱 활발

한 군사억제력을 사용함으로써 이를 중국이 대응함에 있어서 더욱 많은 스트레스와 자산을 투입하게 만든다는 것임.

※ 카지노 도박장을 운영한 트럼프는 미중관계를 '도박'의 프레임으로 바라보고 있으며 더욱 많은 리스크를 걸 때 더욱 많은 것을 얻을 수 있다고 봄.

※ 하지만 제19차 당대회를 앞두고 시진핑은 국내 오디언스에게 '약한 모습'을 보이지 않고, 미국과도 맞서는 강한 지도자 이미지를 국내 오디언스에게 보여주는 것이 중요하기 때문에 트럼프와 시진핑의 조합은 '강대강' 국면이 될 수 있다는 관측이 있음.

※ "시진핑은 '중국의 기회의 시간'China moment이 왔다고 믿고 있다. 그는 트럼프와 마찬가지로 강성인물이다."

▌'리밸런싱'은 이제 어디로?

- 미국이 아태지역 안보환경에서 '안정자'stabilizer 역할.

- 리밸런싱이 아닌 '카운터 밸런싱'으로, 즉 중국에 대해 더욱 적극적인 제어 태세를 가지고 있음.

다. 중국과의 관계 '리셋'

▌환율/통상, 남중국해, 북한

- 이 세가지를 트럼프가 중국에서 원하고 있음. 이 목적을 달성하기 위해

트럼프는 중국이 매우 민감하게 여기는 '하나의 중국'원칙도 협상 여지가 있다고 겁박을 함.

※ 대만 문제는 '하나의 중국' 원칙이 걸린 문제로 중국이 가장 민감하게 여김.

- 틸러슨의 남중국해 강경발어느 나중에 그가 제출한 추가 발언을 통해 '톤'을 낮춘 것으로 파악됨. 즉, 이 시점에서 트럼프 행정부의 남중국해 정책은 확정되지 않고 여전히 토의 진행중인 것으로 파악됨.

4. 한국에 주는 정책 함의

▎사드 문제보다 북한의 ICBM에 관심을 갖는 미국

- 한국의 언론은 사드 문제를 부각시키고 있으나 이는 막 출범한 트럼프 행정부의 관심도와 '편차'가 있을 수 있음.

- 미국은 미국 본토에 직접적 위협이 될 수 있는 북한의 ICBM에 더 큰관심을 갖고 주목하고 있음.

- 구체적으로 미국은 북한이 만일 미국 본토에 도달할 수 있는 ICBM을 성공적으로 테스트 할 경우 이를 엄중한 위협으로 간주하고 여기에 대해 어떠한 대응을 할 것인지 공론화가 시작되었음.

※ 한국은 뒷짐지고 미국이 어떤 결정을 내릴 때까지 기다리지 말고 북

한에 대해 한미공조가 필요함에 의거하여 이러한 공론화, 정책 협의 과정에서 한국의 입장과 지역 안보 차원에서 가장 최선의 옵션이 선택될 수 있도록 미국측과 꾸준한 전략 소통을 하는 것이 바람직함.

▌미국의 '동맹 안심' 제스처는 바람직한 신호

▌아직 이른 단계
- 트럼프 행정부의 대북정책, 아시아 정책, 한미관계 등은 윤곽이 잡히고 있는 상황이나 속단하기에는 아직 이른 상태.
- 무엇보다 실무를 담당하게 될 차관/차관보의 인선이 끝나야 함. 이는 오바마 행정부 때의 사례를 보면 여름 때 까지 걸릴 수 있음.
- 동시에 새로운 행정부의 정책 기조를 세우기 위한 정책 리뷰^{policy review}가 6개월 정도 걸릴 수 있음.

▌한국의 입장이 미국 정책에 반영될 수 있게 해야
- 이러한 상황에서 무엇보다 중요한 것은 미국의 정책이 수립되는 과정 동안 기다리고 있을 것이 아니라 한국의 입장이 반영되도록 끊임없이 미국측과 소통하고 적극적으로 한국의 입장을 알리는 것이 중요함.
- 특히 트럼프 행정부의 기조가 '공짜는 없다'라는 사실, 그리고 이것은 동맹에게도 적용되는 사실임을 이해할 것.

- 한국 기업이 미국에서 돈을 벌면서도 기부에는 인색하다는 이미지를 개선하는 것이 필요함.

▌'숫자'로 한국의 기여도를 보여줄 수 있어야

- 트럼프 행정부는 동맹의 관계에서도 '이것이 미국에는 어떤 도움이 되지?'라는 인식을 갖고 접근한다는 점을 인식하고 거기에 맞게 한국의 주한미군 주둔 기여도, 한미 자유무역이 미국의 일자리를 창조한 기여도 등을 수치화, 계량화를 통해 보여줄 수 있어야 함.

- 예를 들어 한국의 GDP 대비 국방비 비율이 2.4%^{2016년}로 일본$^{1\%}$은 물론 영국$^{2.21\%}$, 프랑스$^{1.78\%}$, 독일$^{1.19\%}$보다 높다는 점을 꾸준히 접촉하는 미국 인사들에게 설명하는 것이 필요함.

- 이것은 일회성이 아니라 꾸준히 전개해야 하고 영자 신문 등을 통한 노출도 필요함.

※ 미국측 인사들도 미국내에서 이러한 부분에 관해 토의에 의견개진을 하는데 필요할 수 있도록 그들과 접촉하는 정부 인사들은 이러한 수치와 통계가 일괄 정리된 것을 표로 만들어 그들이 참고할 수 있도록 하는 적극성도 필요함.

※ 굳이 이렇게까지 할 필요가 있을까 할지 모르지만, 일본측이 이렇게 하는 것을 본받을 필요가 있음. 결국 성실한 '자료'의 준비가 가장 큰 설득력을 가지게 됨.

- 이에 더해, 주한 미군에 파견되어 함께 통역, 전투병 등으로 미군 운용에 도움을 주는 카투사 유지에 매년 100억원 비용을 사용하고, 2006년부터 2016년 지난 10년 간 한국이 미국에서 36조360억원어치의 무기를 구매, 세계 최대 미제 무기 수입국인 것, 그리고 미국 본토 바깥에 있는 기지로서는 세계 최대의 미군기지인 평택 미군기지 조성에 한국 측이 절반이 넘는 8조9000억원가량을 부담 하는 것 등 구체적인 수치와 자료적 근거를 드는 것이 중요함.

▋트럼프의 트위터는 '홍보의 장'

- 트럼프의 특징은 자신의 업적을 트위터를 통하여 공개하기를 좋아함. 이러한 민초와의 직접적인 포퓰리즘적인 어필을 통해 자신의지지 기반을 공고히 함.

- 중요한 것은 트럼프가 트위터를 통해 어떤 기업들이 해외 공장을 철수하고 미국에 공장을 세우는지, 어떤 기업이 미국에 투자하는 지를 열심히 설파한다는 점.

※ 이것이 꼭 트럼프 본인의 업적은 아니지만, 예를 들어 캐리어, 토요타 등등 트럼프는 이것을 본인의 업적으로 보이게하려고 노력한다는 점에 유의.

- 트럼프의 트위터에 언급되는 것이 그 어떠한 것보다 큰 '공공 외교' 효과, 또 국가최고지도자의 입에서 직접 언급되었다는 점에서 자연스럽

게 발생하는 정책인지도 등은 매우 중요한 무형의 자산임.

※ 허나, 중요한 것은 삼성의 경우처럼 엉뚱하게 덤터기를 쓸 수 있음에
   도 유의할 것.

▎트럼프 행정부 인사들과 고루 안면을 익힐 것. 매우 새로운 조직이기에
매우 새로운 얼굴이 많을 것임. 이는 한국의 노무현 대통령이 당선되었을 때
한국 정부의 주요 외교안보 부문에 새로운 물갈이가 되어 미국측에서 사람들
과 안면을 트는 데 시간이 걸린 사례와 유사함.

트럼프 행정부 인사들은 오바마 행정부 인사들과 매우 다른 유형임을 인
식할 것. 그 대표적인 것이 그들은 거래지향적transcational이란 것임.

미국 전문가들의 한반도 상황과 동아시아 정세 인식

핵심 요약

▌미국 정치의 불확실성이 증가하고 있음.

- 미국 대선은 클린턴 후보의 당선 전망이 우세하나, 트럼프 후보의 당선 가능성 역시 배제할 수 없다는 주장도 존재함.

- 그간 언론에서 트럼프 후보에 대해 과소평가했다는 의견이 많았음.

▌현재 동북아 질서는 '신냉전new cold war'적 상황으로 판단됨.

- 미국은 오바마 초기에는 중국을 글로벌 이슈를 공동분담할 동반자partner적 'G2'로서 중국을 인식했지만,

- 갈수록 중국의 실체와 향후 전략적 의도를 경쟁·갈등 차원에서 인식하며 '적enemy'로 보는 시각이 증가하고 있음.

▌미·중은 북핵불용 입장은 일치하나, 동북아 전략 차원에서 북한 이용 구상에 있어서는 상충하는 이해관계를 가지고 있음.

- 북한문제에 대해 겉으로는 미·중 양국이 서로 협조하는 모양새를 취하고 있으나,
- 이면에는 북한을 지정학적으로 이용하려는 전략적 차이가 이번 사드 배치, 남중국해 갈등을 통해 더욱 수면 밖으로 드러났으며 대립각이 심화되고 있음.
- 이러한 상황에서 중국의 북한 포기 기대는 '희망적 사고'임.

▌미국은 마땅한 대북전략이 부재한 상태인바, 오바마 잔여 임기 동안 기존의 '전략적 인내' 정책을 그대로 유지하게 될 것임.
- 북핵에 대한 '외과수술식 공격surgical strike'은 전쟁 위험 부담 때문에 미국이 선호하는 방식은 아님.
- 그러나 방치시 북핵 고도화 위험이 커질 것인바, 지금 선제적으로 대응하는 것이 유리하다는 인식도 존재함.
- 하지만, 구체적으로 어떤 해결책을 사용해야 할지 방법론에 있어서는 미국 내부에 인식의 공감대가 형성되어 있지 않음.

1. 미 대선 정국과 국내정치

▌미국의 국내정치적 불확실성 증가 진단

- 미측 전문가들은 이번 미국 대선 경선 과정에서 드러난 바와 같이 미국의 국내정치에 불확실성이 증가하고 있다고 진단함.

※ 비록 클린턴 후보 당선 전망을 우세하게 보는 경향이 있지만, 트럼프 후보가 실제 당선될 가능성도 배제할 수는 없다고 보는 의견도 존재함.

※ 특히 그간 언론이 그를 과소평가했다는 점에는 미측 전문가 다수가 동의함.

- 동시에 미국의 경제 · 무역 분야에서도 역시 불확실성이 증가함.

※ 한 미측 전문가는, "지난 수십 년간 미국에 대해 이렇게 총체적으로 불확실성을 깊게 느껴본 적이 없다"고 토로함.

▌'신고립주의' 회귀에 대한 엇갈린 전망

- 최근 미국 내에는 소위 '신고립주의neo-isolationism' 분위기가 감지되고 있는바, 이에 따라 아시아 재균형 전략의 중단, 환대서양 회귀 및 나아가 미국 중심 세계질서의 변동 가능성이 제기됨.

※ 한국측 전문가는 오바마 정부가 '레임덕lame duck' 시기를 맞아 환태평양경제동반자협정TPP의 비준 추진 중단 가능성이 회자되는 사실 자

체가 미국 중심 국제질서가 흔들리는 양상의 하나로 해석될 수 있다고 지적함.

※ TPP는 미국이 주축인 경제 중심의 정치/안보 복합 협력 체계이므로 미국이 탈퇴하게 될 경우 체계가 약화될 수밖에 없고, 아시아 지역에서 미국의 신뢰를 떨어뜨리게 될 것이라는 우려가 있음.

※ 중국은 이를 좋은 기회로 이용할 것이라는 의견도 있었음.

- 이러한 '신고립주의' 분위기는 그 뿌리가 부시 대통령George W. Bush의 이라크 전쟁에서 기인한 것이라는 분석이 있음.

※ 미국의 잇따른 전쟁과 해외 파병에 대한 부담과 피로감, 특히 이들 전쟁이 '잘못된 전쟁'이란 국내외적 비판, 특히 2008년 미국 금융위기의 여파로 인한 경제침체 상황에서 세계화에 따른 문제점들이 대두되었는바, 이에 미국에서 '안內'을 응시하려는 경향이 강화되었다는 것임.

- 반면, 미국이 '고립주의'로 가지는 않을 것이라는 견해도 존재함.

※ 한 미측 인사는 "미국은 세계적 차원의 주요 사안에 항상 깊숙하게 관여해 왔고 앞으로도 그렇게 할 것"이라고 주장함.

▌'트럼프 쇼크' 가능성에 대한 우려감 존재

- 한·미 양측 전문가들은 최근 트럼프 후보의 거친 발언으로 인해 미국

의 동아시아 전략 및 동맹 관련 정책에 대한 우려가 커지고 있다는데 공감하면서 주요 현안에 대한 의견 교환을 하였음.

※ 최대 화두인 '비용분담burden sharing' 문제와 관련, 미국측 인사들은 어느 후보가 대통령이 되더라도 동 문제의 부상이 불가피할 것으로 전망함.

※ 이에 한국측 전문가는 방위비 분담 논의시 협상이 건설적인 방향으로 진행될 수 있도록 한국 정부가 대국민 설명 · 소통에 노력하면서 국민들이 납득할 수 있는 결론을 도출할 수 있도록 준비해야 한다고 강조함.

- 미측 전문가들은 차기 행정부의 동아시아 정책이 크게 바뀌지는 않을 것으로 보면서도 과연 아시아 재균형 전략을 지속 추진할 의지와 능력이 뒷받침될지에 대해서는 의구심을 갖고 있음.

※ 미국의 동맹관계와 국제적 역할에 대한 트럼프 후보의 비판적 · 회의적 발언에는 비록 사실에 부합하지 않는 오류들이 있음에도 불구하고, 일부 미국 유권자들의 생각을 반영하는 것으로 볼 수 있다고 지적함.

※ 반면, 클린턴 후보가 당선될 경우, 남중국해 문제에 있어 현 오바마 정부보다 훨씬 강경한 태도를 보일 것이라 예측함.

- 트럼프 후보 당선시 가장 우려되는 부분은 그에게 정치 · 외교적 자문을 해 줄 측근 인사들이 누가 될지에 대해 거의 알려진 바가 없다는 것임.

▌한 · 미 경제관계는 불확실성 존재하나, 큰 틀의 변화 없을 것

- 미국은 대선정국을 맞아 자유무역에 대해 전반적으로 지지세력이 별로 없다는 점에서 한 · 미 FTA를 비롯한 한 · 미 경제관계에 관한 회의론이 더 크게 대두될 가능성이 내포되어 있음.

※ 미측 전문가는 한 · 미 FTA와 관련해 미국 내 회의론이 대두되고 있다고 지적하고, 대선 주자 중 누구도 자유무역을 적극 옹호하지 않고 있는 점이 우려되나, 클린턴 후보가 당선될 경우에는 현 오바마 정부와 큰 틀에서는 달라질 것이 없을 것이라 내다 봄.

※ 물론 대선에서 많은 불확실성이 존재하나, 클린턴 집권 시에는 우리에게도 잘 알려진 경험 많고 '좋은 실적good track record'을 가진 이들로 구성된, 다른 어느 정권보다도 예측가능한 정권이 될 것이라고 설명함.

▌미 대선 관망하기보다 적극적 소통 · 협력 도모할 필요

- 이번 미국 대선은 민주당 클린턴 후보와 공화당 트럼프 후보 간에 상당한 박빙의 경합이 예상되는 바, 선거전 막판까지 예측불가능한 양상이 전개될 수 있을 것으로 전망됨.

- 따라서 한국으로서는 대선 결과가 나올 때까지 관망하는 자세를 취하기보다는 양측 진영에 한국의 기본 정책입장을 밝히는 한편 차기 미국 행정부와 적극 협력하겠다는 취지의 메시지를 전달하는 방안도 고

려해볼 필요가 있다는 것이 미측 전문가들의 제안임.

2. 미국의 동아시아 전략

가. 미국의 전략적 우선순위와 북핵문제

▌미국의 북핵문제 우선순위 낮아 근본적 해결 지연

- 미국에게 북핵문제는 당장 해결해야 할 다급한 문제는 아니므로 전략
  적 우선순위에서 떨어지는 것으로 파악됨.

※ 미측 인사는 미국의 국익차원에서 볼 때 북핵문제의 중요성을 인식하
  면서도 수많은 외교안보 의제 가운데 특히 북핵문제를 서둘러서 해결
  해야 할 동기가 부족한 상태라고 언급함.

- 이로 인해 북핵 상황의 전개에 따라 그때그때 대응하는 수준에 머물면
  서 근본적인 문제해결을 지연시키는 경향이 있음.

나. 최근 동북아 국제질서의 특징

▌'신냉전적' 동북아 질서 형성 흐름 직시할 필요

- 다수의 미측 전문가는 현 동북아 질서를 '신냉전$^{new\ cold\ war}$'이라고 판
  단하고 있으며, 이러한 동북아 국제질서의 '큰 그림'을 제대로 바라봐
  야 한다고 강조함.

※ 한 미국 전문가는 미국이 전에는 중국을 '경쟁자^{competitor}'로 봤으나, 최
  근에는 한 발 더 나아가 '적^{enemy}'으로 보는 시각이 늘고 있다고 주장함.

※ 특히 남중국해, 사드 문제와 같은 미 · 중 갈등요인이 중첩되면서 중국
  을 '적성국가'로 인식하는 미국 내 시각이 증가하고 있음.

- 이와 같은 신냉전적 구도를 이해하는 또 하나의 프레임은 소위 '복고주
  의^{revivalism}'임.

※ 예를 들어, 러시아의 경우 푸틴 대통령은 과거의 "찬란했던 소비에트
  시대로 돌아가자"고 하고, 중국 시진핑 주석은 "중국몽^{꿈}"을 이야기하
  고 있으며, 일본의 아베 수상도 "제2의 메이지유신"을 구상함.

※ 미국의 경우도 같은 맥락에서 트럼프 후보가 "미국을 다시 위대하게
  만들자$^{Make\ America\ great\ again}$"이라고 역설하고 있음.

- 이렇듯 국가적 위대함과 자존심을 회복하려는 '복고주의적 민족주의'

가 시대적 사조가 되면서 미국 역시 영향을 받고 있음.

▎역내 국가들은 미국의 '약해지는 존재감'에 불안

- 오바바 행정부는 아시아 재균형 전략에 따라 남중국해에서 군사적 억
  지력 강화, 한국 및 일본과의 동맹 강화 등으로 동아시아 지역에서 미
  국의 존재감을 높였으나, 역내 국가들은 충분히 안심하지 않고 불안감
  을 표시하는 등 상호간 '기대의 편차'가 존재함.

- 특히 최근 미·중 갈등이 증폭되고 있는 상황에서 역내 국가들이 미국
  에 더욱 안보적으로 의존하고 있지만, 미국은 자칫 미·중간 직접 군사
  적 충돌을 조장하는 분위기 속에는 말려들지 않으려는 신중한 태도를 취
  하고 있음.

다. 한·미 동맹과 미·일 동맹

▎한미동맹 '양호'하나, 꾸준한 관리 필요

- 미측 전문가들은 한미동맹이 아주 '양호in good shape'하며, 전보다 훨씬
  성숙해져서 국민여론의 갑작스러운 변화 등에도 크게 영향을 받지 않
  는 굳건한 상태라고 평가함.
- ※ 한미동맹은 북한문제를 넘어서 기후변화, 경제성장 정책, 의료, 우주

협력 등으로 확대되고 있으며, 이러한 협력 확대 추세는 한미동맹의 협력 '폭·깊이·탄력breadth, depth, and resilience'을 강화하는 추동력을 제공함.

- 그럼에도 불구하고, 한미동맹이 지속적으로 발전되도록 꾸준하게 관리할 필요가 있다는 것이 한·미 양측 전문가들의 일치된 의견이었음.

※ 오는 2016년 말~2017년까지 미국과 한국의 대선으로 양국에서 새 지도자가 선출되는 정치적 변화가 있는 만큼, 이러한 전환기에 대북정책, 중국, 일본, 남중국해 문제 등에 있어서 한미공조가 흔들리지 않도록 노력해야 함.

- 특히 한미동맹 관리에 있어 한반도와 아·태 지역에서 안보공백이 생기지 않도록 유의하는 가운데 한미동맹의 목표와 범위에 대한 지속적인 점검을 해나가야 할 것이라는데 인식을 같이 함.

※ 한국측 인사는 한국은 한미동맹에 대한 미국의 '공약commitment'을 의심치 않으나, 미국이 국내문제에 사로잡혀 아·태 지역에서 '안보적 빈틈security vacancy'을 허용할 경우를 우려하고 있다고 설명함.

※ 또한, 미국이 한·일을 아·태 지역에서 대중국 견제용 전초기지로 이용하거나, 한미동맹 관계에 있어 한국을 '아랫사람junior'으로 대할 경우 바람직하지 않은 부작용이 초래될 수 있다는 점을 지적함.

▌미국, 동북아 전략상 한미동맹의 중요성 인식

- 미국의 관점에서 한미동맹은 미일동맹과 비교해 특별한 전략적 중요
성을 갖고 있다고 평가함.

※ 일본에는 주로 미국의 해·공군이 주둔하고 있지만, 한국에는 미 '지
상군 병력foot soldiers on the ground'이 있음.

- 대규모 지상군의 주둔과 한·미 연합방위체제의 존재는 군사 작전 거
행시 전략적으로 의의가 매우 크다는 것임.

▌반일전선 한·중 연대는 전략적 위험성 내포

- 한국은 비록 일본에 불만이 있더라도 타국中國과 연대하기보다 독자적
인 자세를 취해야 한다는 것이 미측 인사들의 견해임.

※ 한 미국측 인사는 2014년 시진핑 방한시 서울대 강연에서 "한·중이
같이 손잡고 반일 전선 펴자"는 취지의 연설을 한 바 있는데, 이것은
한국의 전략적 이익에 부합하지 않다고 비판함.

- 한국이 반일전선 차원에서 중국과 연대하는 것은 중국의 전략에 말려
들어 가는 것일 따름이며, 만약 중국이 전략을 바꿔서 중·일 관계를
개선할 경우 한국의 입지가 대폭 좁아질 것이란 사실을 염두에 두어야
한다고 지적함.

라. 주요 현안 관련 입장 및 전망

▌북핵 문제 - 미국의 대북 강경정책 지속

- 오바마 정부의 잔여 임기 중 미국의 대북정책은 바뀌지 않을 것이며, 북한에 대한 강경 입장도 지속될 것으로 전망됨.

※ 이점에 있어 한 · 미 양국은 같은 입장을 견지하고 있음.

- 미측 전문가들은 대북정책에서 한 · 미간 엇박자가 생겨서 한 · 미 관계가 훼손되는 상황을 초래되게 하면 안 된다는 점을 미국이 충분히 인식하고 있다고 설명함.

- 한편, 미측은 중국이 제시한 소위 '투트랙 제안^{평화협정+비핵화}' 구상에 관심은 있지만, 이러한 접근법이 어떻게 구체적으로 실현될 수 있을 지에 대해서는 다소 비관적으로 보고 있음.

▌사드 문제 - 명확한 우선순위 설정 필요

- 한 · 미 전문가들은 '사드' 배치의 목적이 △주한미군 보호, △대북 견제, △대중국 견제 가운데 어떤 '우선순위^{priority}'로 되어 있는지를 대외적으로 명확히 할 필요가 있음에 공감하였음.

- 일부 미측 전문가에 따르면, 중국은 사드 문제를 근본적인 정치·외교·지정학적 측면의 문제로 받아들이고 있는바, 사드 배치 이후 한국에 대한 보복에 나설 수도 있다고 보고 있음.

※ 중국은 자국의 이해관계와 맞지 않을 경우 보복하는 성향을 가졌다는 역사적 근거를 제시하고 있음.

※ 과거 중국은 심지어 같은 사회주의 국가인 베트남도 침략한 바 있고, 2010년 센카쿠^{댜오위댜오} 관련 중·일 갈등시 중국 당국은 부인했지만 사실상 대일 '희토류' 수출을 금지시켰으며, 필리핀과 남중국해 갈등이 생기자 필리핀산 수입 바나나 통관을 지연시켜서 결국 폐기되게끔 만든 바 있음.

- 사드 문제는 이처럼 민감한 문제이므로 중국 등 유관당사자들에 대한 설명 역할을 담당하는 문제에 있어서도 한·미 간에 원활한 정책적 소통 및 조율이 필요함.

▍한·미·일 협력 필요성 불구, 한국 내 부정적 정서 과소평가 금물
- 미국 일각에서는 한반도 유사시 일본 자위대의 파병을 한·미·일 안보협력 차원에서 고려할 수 있는 방안으로 보는 시각이 있다고 판단됨.

- 그러나 이는 한국 국민이 가진 일본 식민지 경험에 대한 부정적 정서를 과소평가 하는 것으로서, 최근 타진되고 있는 한 · 미 · 일 3자 안보 협력 논의시 주의 깊게 다뤄야 할 문제임.

※ 한국은 한반도 유사시 미군과 유엔군 개입은 가능하다고 보나, 일본 자위대 역할에 대해서는 매우 부정적인 입장을 갖고 있음.

3. 미국이 보는 북·중 관계

가. 북·중 관계의 본질

▍미 · 중 모두 북핵에 반대하나 북한 이용 전략은 상충

- 미국과 중국은 모두 '북핵불용'이라는 원칙을 갖고 있으나, 향후 북한을 어떻게 할 것인가에 대해서는 다른 견해를 가지고 있음.

- 이는 협력 · 갈등이 공존하는 미 · 중관계에서 북한을 두고 겉으로는 양국이 서로 협조하는 모양새를 취하고 있지만, 그 이면에는 이를 지정학적으로 이용하려는 내면적이고 실질적인 갈등 현상이 근래 두드러지게 나타나고 있음.

██중국의 북한 포기 기대는 '희망적 사고'

- 북·중관계에 대한 최근 한국 내 시각과 주장은 다음 세 가지로 요약
  해 볼 수 있음.

    1) 중국에게 북한은 전략적 자산이 아닌 '전략적 부담'이 됐다.

    2) 시진핑 체제 하에서 중국이 북한을 대하는 태도가 변했다.

    3) 한·중 관계를 강화하면 북한의 전략적 가치가 줄어든다.

- 그러나 이런 논리는 '희망적 사고wishful thinking'의 결과라는 것이 미측
  중국전문가들의 견해인바, 중국에게 있어 북한은 '조강지처'이므로 결
  코 버리지 않을 것으로 판단함糟糠之妻不下堂.

※ 즉, 어려운 시기를 함께 한 아내는 결코 버리지 않는다는 동양적 사고
  방식이 북중관계의 근저에 깔려 있는데, 이러한 사실을 외부관찰자들
  이 쉽사리 이해하지 못한다는 것임.

※ 특히 모 중국 전문가도 방한시 한국 내 유력인사들에게 "중국은 절대
  로 북한을 포기하지 않을 것"이라는 취지의 발표를 한 바 있음.

- 최근에는 한국 내에도 북한 문제에 있어 중국에 희망을 걸었던 것에
  대한 '자성론'이 대두되고 있는 실정임.

※ 이는 중국이 2016년 북한의 제4차 핵실험과 미사일 발사 등 각종 도
  발에는 미온적 태도를 보이면서도 한국의 사드 배치 결정에 대해서는

강력하게 반발하는 모습을 보임에 따른 것임.

※ 이것은 중국이 남북한 사이에서 전략적 선택의 순간에 북한편에 선 것이라는 해석을 가능케 하는 대목임.

▌미 · 중 갈등 속 중국에 대한 북한의 지정학적 가치는 오히려 상승

- 미 · 중 관계의 경쟁 구도가 심화되는 현 상황에서 북한의 중국에 대한 '전략적 완충지대' 역할은 결코 약해지지 않고 오히려 강해졌다고 평가됨.

※ 미측 전문가에 따르면, 북한이 중국에게 '지정학적인 완충지대' 역할을 제공하는 것을 냉전 시대의 논리로 치부하고 탈냉전 시기에는 그 중요성이 없어졌다고 하는 주장이 있으나, 이는 잘못된 판단이라는 것임.

※ 이 인사는 중국은 절대 북한을 버리지 않을 것인 바, 중국의 묵인 · 동의 없이 북한을 붕괴시키는 것은 현실적으로 어렵다고 지적함.

- 중국은 '표리부동表裏不同'한 측면이 있고, 이러한 특징은 외교에서도 반영되어 나타남.

※ 시진핑은 공식 석상에서 유엔 대북제재의 전면적 이행을 지시하는 등 대북 강경 발언을 한 바 있으나, 이러한 행위도 표리부동한 중국적 특징을 반영한 것일 수 있다는 것이 미측 전문가의 견해임.

- 따라서 북한의 핵·미사일 도발에 대해 한국이 중국과의 관계를 강화하여 대북 압력의 추동력으로 삼으려는 전략은 북한에 대한 중국의 인식과 전략적 의도를 간과한 것이라고 지적함.

▌북한 급변시 중국의 필연적 군사개입 예상

- 미측 전문가들은 북한 급변사태시 중국은 반드시 군사적 개입에 나설 것이라고 예상함.

※ 중국의 과거 행태와 최근 동향에 비춰, 급변사태시 중국 군대가 북한 지역에 투입될 것이라고 내다보고 있음.

- 중국의 군사개입 이유는 북한 급변사태 수습·정리 과정에서 북한 지역에 대한 정치·군사적인 우위를 선점하려는 것임.

나. 중국의 대북제재

▌미국, 중국의 대북제재 의지에 대한 의구심 존재

- 미국은 중국의 대북제재에 대해서 의구심을 갖고 있으며, 중국이 얼마나 북한에 대해 압력을 행사할 것인가에 대해 소위 '기다리기 게임 waiting game'을 하고 있음.

※ 중국의 대북제재 속도가 기대만큼 빠르지 않은 것에 대해 미국은 인

내심을 가지고 있으나, 이런 와중에 전체적인 상황이 악화되고 있음.

- 중국은 북한 제4차 핵실험 이후 유엔 대북제재를 전면 실시하고 있다
  고 천명했는데, 그럼에도 불구하고 제재의 효과가 나타나지 않고 있다
  면 다음의 두 가지 가능성이 있음.
1) 중국이 천천히 대북제재를 집행하고 있을 가능성
2) 중국이 말로는 대북제재를 집행한다고 하면서 실제적으로는 그렇게
   하지 않고 있을 가능성
- 미측 전문가에 따르면, 중국은 한국에 사드가 배치되는 현 상황을 전략
  적으로 계산하고 있으면서 상황의 추이를 보아 가면서 대북 제재의 고
  삐를 조이고 푸는 것을 조정하는 것이라 판단됨.

- 한편, 대북제재의 영향을 판단하기 위해서는 북한 지하경제에서 거래
  되는 환율의 변동 여부에 관심을 가져야 한다는 지적도 있음.
※ 한 미측 전문가는 대이란 제재의 여파로 인해 이란의 환율이 타격을
  받은 바 있다는 점을 근거로 제시함.

4. 미국의 북한 현황 인식

가. 북한의 핵능력과 전략적 판단

▌북한, 핵실험 · 무수단 성공으로 고무된 분위기

- 북한은 제4차 핵실험과 '무수단' 미사일 발사 실험 성공으로 인해 내부
  적으로 자신감이 고조되어 있는 상태임.

※ 이렇듯 북한이 자신감을 갖게 된 이면에는 '시간은 자기편'이란 믿음
  이 작용하는 것으로 보임.

- 북한은 핵능력 고도화에 조급해하기보다는 '장기적인 전략적 게임long-
  term strategic game' 차원의 지정학적 안목을 갖고 핵과 미사일 성능 향상
  을 꾀하고 있다고 판단됨.

※ 미측 전문가에 따르면, 북한은 영변 핵시설 외에도 추가로 2~3개의
  고농축우라늄HEU 관련 설비를 보유 · 가동 중으로 추정됨.

▌무수단 미사일은 예상보다 더 위협적으로 평가

- 북한의 '무수단' 미사일은 사거리 및 성능 면에서 당초 예상보다 훨씬
  위협적으로 평가되며, 향후 성능이 더 향상될 것으로 보임.

※ 무수단 미사일 로켓엔진의 성능이 크게 향상되었으며, 사정거리 역시

대폭 늘어났음.

- 미국은 이 같은 북한 미사일 위협의 대응책에 부심하고 있으며, 특히 요격에 상당한 기술적 어려움이 예상되는 만큼 징후에 따른 '선제공격' 가능성까지도 배제하지 않고 있음.

※ 무수단 미사일은 매우 고속비행하기 때문에 일단 발사되면 현재 한국 배치가 예정된 '사드^{THAAD}'로도 요격하기 어렵고 정확도 역시 떨어짐.

※ 현재로선 이동발사대에서 연료 주입이 포착되었을 때 '선제공격preemptive strike'하는 방법이 가장 기술적으로 타당성 있는 대안임.

※ 특히 미국 내 '온건파'에 속하는 인사가 이런 의견을 제시했다는 점에 주목할 필요가 있음.

┃북한 ICBM 능력은 과장된 측면 있으나, 개발 가속화 예상

- 최근 북한의 미사일 기술의 발달로 1년 후에는 대륙간탄도미사일^{ICBM}을 개발할 수도 있다는 예측이 제기되었는데, 이것은 약간 과장된 것으로 보임.

- 그러나 북한이 각종 미사일 개발에 박차를 가하고 있다는 사실은 의심의 여지가 없으며, 향후 더욱 가속화될 것으로 예상됨.

※ 한국측 인사는 한 · 미의 대북 관여정책 추진시 북한의 핵 · 미사일 개

발 속도를 현저히 늦출 수 있었던 반면, 대북 강경정책의 경우에는 속도가 빨라지는 특징이 있었음을 지적함.

▋북한이 핵을 포기하지 않을 가능성에 견해가 모아짐

- 북한이 절대로 핵무기를 포기하지 않을 가능성이 높다는 견해에 한·미 전문가들의 견해가 모아졌는바, 이런 상황에서 한·미 간에 대북정책 '대안option'에 대한 고민이 깊어지고 있음.

- 특히 핵탄두 장착이 가능한 북한의 장거리 미사일 기술이 고도화되고 있는바, 미국이 이 같은 미사일 위협에 대한 방어 차원에서 '선제적 대응'에 나설 가능성도 배제할 수 없다는 의견이 대두됨.

- 북한의 '핵보유국nuclear weapons state' 주장과 관련, 미국은 앞으로도 이러한 지위를 결코 인정하지 않을 것임.

※ 이는 유엔안보리 상임이사국P5 체제의 근간을 흔들 수 있기 때문임.

나. 북한 제7차 당대회와 내부 동향

▋제7차 당대회 통해 핵·경제 병진노선 재확인

- 북한 제7차 당대회의 의의는 핵·경제 병진 정책을 재확인하는 것이었는바, 핵무장을 통해 재래식 군사력 부담을 축소시키는 한편 노동당과

내각 관료의 역할을 확대함으로써 경제발전에 보다 큰 노력을 경주하려는 것임.

- 미국측 인사에 따르면, 이와 같은 병진 정책은 김정은 집권 이전 시기에 이미 정해진 것으로서 김정은은 이제 장기적인 관점에서 국가계획을 시행하고 있는 것으로 보임.

▌김정은의 예측불가능한 행태에 대한 우려

- 김정일은 예측이 가능한 독재자였지만, 김정은은 지금까지의 행적으로 보면 예측이 불가능하고, 심지어 무책임한 일을 저지를 수 있는 것처럼 보이는 이미지가 형성되었음.

※ 미측 전문가는 이 같은 이미지가 북한의 실체와 관계없이 북한을 교섭이 불가능한 비이성적인 국가로 보이게 만들어 협상파들의 입지를 좁히는 결과를 초래한다고 설명함.

- 북한의 목적은 '정권 안보regime security' 유지, 국제사회에서 '존엄prestige', 경제 발전, 그리고 북한 주도의 한반도 통일임.

※ 여기서 '존엄'이 경제발전보다 더 중요시 된다는 점이 특징적인 부분임.

다. 향후 북핵협상 관련 판단

▎북핵 협상 난망하나, 가능성 탐색은 시도될 것

- 북한은 현존 핵무기 프로그램은 협상 대상이 아니라고 주장하고 있으나, 장래 핵 계획은 미·북 협상과 미국의 행동에 달려있다는 신호를 보내고 있음.

※ 이를 근거로 미측 전문가들은 핵협상의 문이 완전히 닫히지는 않은 느낌을 받는다고 평가함.

- 그러나 북한은 제4차 핵실험 및 무수단 발사 실험의 성공 이후 다음의 조건을 인정받지 못하면 협상에 임하려 하지 않을 것임.

1) 북한의 김씨 일가 체제의 인정

2) 국제사회에서 북한의 체면 지켜주기

3) 현재 북한이 가지고 있는 핵무기 등 현존하는 무기 자산의 동결·포기에 상응하는 적절한 반대급부 제공

- 상기 조건들에 대해 한·미가 수용할 가능성은 낮기 때문에 협상 재개가 이루어지기 어려운 상황이지만, 미국은 앞으로 북한 의도를 더 탐색해보면서 동시에 유엔 대북제재의 효과에 대해서도 보다 구체적으로 평가해 보려는 복안을 갖고 있음.

▎북한의 오판 및 도발 가능성 배제불가

- 미국은 북한이 어떠한 도발을 일으킬 것인가에 대해서는 그다지 걱정
  하지 않지만, 북한이 상황을 '오판miscalculation'할 가능성에 대해서는 우
  려하고 있음.

▎미국, 군사적 해결책 선호 않으나 방치하지도 않을 것

- 오바마 정부의 북한에 대한 '전략적 인내strategic patience' 정책은 '실패'
  라는 일부의 평가에도 불구하고 여전히 지속될 전망임.

※ 현재 오바마가 레임덕에 들어간 상황에서 차기 미국 행정부가 들어서
  기까지 새로운 대북정책 아이디어가 시도될 가능성은 거의 없을 것임.

※ 한편, 미국의 '전략적 인내'의 대상은 북한이 아닌 중국이며, 미국은
  중국이 북한에 얼마만큼 압력을 행사할 수 있는지 지켜보고 있다는 주
  장도 있음.

- 북한에 대한 이른바 '외과수술식 공격surgical strike'은 사실상 한반도 전
  쟁의 시작이 될 것이기에 미국이 선호하는 방식은 아니지만, 북핵을 방
  치하면 향후 북한 핵능력이 크게 발전될 것이므로 지금 선제적으로 대
  응하는 것이 유리하다는 인식도 함께 존재함.

※ 그러나 구체적으로 어떤 해결책을 채택해야 할지에 대한 방법론에 있
  어 미국 당국은 아직 일치된 공감대를 가지고 있지 않은 상태임.

▌'제2의 페리 프로세스'식 접근법의 유용성 존재

- 현재 북핵 난국 속에서 1990년대 말 미 클린턴 정부가 구상했던 '페리 프로세스Perry Process'와 유사한 접근법의 유용성이 다시 대두되고 있음.

- 그러나 남중국해 문제 등 미·중 갈등이 심화되는 최근 동북아 정세 구도 속에서 이러한 접근법은 생각보다 더 복잡한 사고를 필요로 한다는 지적임.

라. 북한 급변사태

▌북한의 급변사태 등 다양한 가능성 염두 필요

- 급변사태 등 북한에서 발생할 수 있는 다양한 가능성을 염두에 두고 준비를 하는 것이 바람직하다는 주장이 제기되었음.

※ 만일 북한 급변사태 발생시 한·미 혹은 연합군이 어떠한 전후 조치를 취해야 할지도 미리 계획을 짜두는 것이 바람직하다는 것임.

※ 미국은 이라크전쟁 당시 정치인, 군인, 기술관료들을 제거한 바 있는데, 그 결과 전후 10년 동안 정상적 국가 운영에 차질을 빚은 경험을 갖고 있음.

- 동시에 통일과정에서의 저항을 최소화하기 위해 동서독 통일의 경험

에서 배울 필요가 있음.

※ 미측 군사문제 전문가는 남한 주도의 통일이 되더라도 북한 정권에서
일했던 관료들이 숙청되지 않을 것이라는 믿음을 심어주어야 한다고
지적함.

▌한·미의 북한 급변 대비는 일종의 '심리전' 효과

- 한·미가 북한의 급변사태 가능성에도 대비하여 준비하고 있다는 것
을 북한 내부에 알리는 조치가 필요하다는 견해도 있음.

※ 미측 전문가에 따르면, 이와 같은 조치가 북한에 대한 일종의 '경고'
차원의 메시지가 될 수 있다는 것임.

- 한·미 연합군이 북한 급변사태시 북한 주민에 대한 인도적 지원 및
문화·예술·오락물의 배포 등의 조치가 효과적인 심리 선전전의 일
부가 될 수 있다는 의견이 제시됨.

※ 인도적 지원 내용의 기록 영화를 USB 등에 담아 대량 배포하는 방
법 등

마. 유엔 대북 제재안 효과

▌'역대 최강' 대북제재에도 불구, '틈새' 점검 필요

- 일명 '역대 최강toughest ever'이라 불리는 유엔의 대북제재에도 불구하

고 북한 내부에 쌀, 석유, 그리고 환율에서 큰 변동이 없는 이유에 대해서 설명이 필요함.

※ 한·미 전문가들은 경제적 제재가 북한의 핵·미사일 문제 해결에 있어서 효과적인 접근법이 되지 못하고 있는지에 근본적인 원인분석에 들어가야 하며, 경제 제재가 효과를 내려면 중국의 선언적 참여 이상의 의지적 행동이 필요하다는데 인식을 같이 함.

- 무엇보다 유엔 안보리의 대북 제재결의안 2270호는 빠져나갈 수 있는 '틈새loophole'가 많으며, 이와 같은 수많은 틈새들이 채워지지 않는 한 대북제재의 큰 성과를 기대하기 어렵다는 지적임.

※ 특히 중국 소재 북한의 국가 소유 무역회사들에 대한 중국측의 제재가 이루어지지 않고 있으며, 중국 지방정부들의 적극적 협력이 없는 한 효과적 대북제재 이행을 기대하기 어렵다는 지적이 많았음.

※ 한 미측 인사는 제재결의안 2270호가 대북 제재로는 전례 없이 강력한 제재일지 몰라도 과거 對이란 제재안들과 비교할 때는 훨씬 약한 제재라고 설명함.

- 즉, 대북제재의 실효성 확보를 위해서는 중국의 역할이 가장 중요하며, 이에 대해 미·중 양국이 미·중 관계의 틀 안에서 외교적인 협상을 이루어야 할 것임.

▌희망사항보다 현실에 기반한 대안 고민 필요

- 마땅한 군사적 · 외교적 수단이 없는 상황에서 경제제재가 유일한 대
  안이라는데 대해 한 · 미 전문가들 사이에 이견이 없었으며, 보다 현실
  적인 제재 보완 방안을 찾아야 한다는 의견이 제시됨.

- 무역 제한을 통한 제재에는 한계가 있고 중국이 협조하지 않으면 큰
  효과를 볼 수 없는 반면, 북한에 현금 거래를 하는 중국 은행을 압박하
  는 방법을 사용하면 효과성이 커질 것이란 제안이 있었음.

※ 미측 전문가에 따르면, 이는 이란 제재에서 사용된 방법으로 해당 은
  행들이 대북 송금 수수료를 통해 버는 이익과 국제 금융체제 속에 남
  는 이익 양자 사이에서 선택해야하는 상황에 이른다면 그들이 이성적
  인 선택을 할 것이라는 것임.

- 한편, 중국이 최근 제안한 '투트랙^{비핵화+평화협정}' 접근법 등 외교적으로
  북핵 문제를 풀 수 있는 여지는 여전히 남아있다는 데에도 대부분의
  참가자들의 의견이 모아짐.

- 결국 유엔의 대북제재의 효과에 대해서는 여러 의문이 있을 수 있으나,
  북한 핵 · 경제 병진노선의 발전 속도를 저하시키는 효과가 있을 것으
  로 기대됨.

※ 이런 점에서 유엔제재는 북한으로 향하는 물품과 화폐 유통 속도를 늦추는데 기여하였다고 판단됨.

- 다만, 무력 사용이 불가능한 상황에서 경제제재를 가용한 외교적 수단의 하나로 인식하고 있으나, 제재 자체가 궁극적 목표는 아니며 이는 북핵문제를 외교적 해법 적용이 가능한 상태로 전환시키기 위한 하나의 과정으로 보는 것이 적절함.

5. 관찰 및 평가

▌미국에 존재하는 다양한 시각 속에서 정확한 '맥' 잡기

- 미국 동부와 달리 미국 서부의 전문가들 중에는 아시아계가 상당수 있으며, 이들로부터 투영되는 미중의 대외 전략과 북한인식은 미국 동부와는 또 다른 다양성을 보여줌.

※ 이번 조사에서도 중국에서 태어난 인사를 포함하여 몇 명은 아시아계였음.

- 예를 들어, 이들은 중국이 북한을 왜 전략적으로 필요로 하는 지에 대해 역사적으로 설명하기도 했고, 미국의 대북 '전략적 인내'를 '실패'로 규정하는 등 거침없는 직접적인 어법을 사용하는 모습도 관찰

되었음.

■ 북한에 대한 미·중의 '동상이몽'

- 미국과 중국은 북핵 문제에 있어서는 공조하는 모습을 보이지만, 서로에게 북한이 지니는 전략적 위상에 있어서는 상이한 견해를 가지고 있음.

- 협력·갈등이 공존하는 미·중 관계에서 북한을 두고 표면적으로는 양 강대국이 서로 협조하는 모양새를 취하고 있으나, 그 이면에는 북한을 지정학적으로 이용하려는 내면적이고 실질적인 갈등 현상이 더욱 표면화 되고 있음.

- 이러한 현실에 비춰, 북한 문제에 있어 중국의 역할에 대한 과도한 희망은 재고할 필요가 있음.

■ 미국 정치의 향후 향방에 있어 불확실성 증가

- 미국 정치상황에 상당한 불확실성이 증가하고 있고, 이에 당혹감을 느끼는 미국인들이 늘고 있음.

- 이는 향후 미국의 동아시아 정책에 있어서 불확실성을 시사하는 대목

으로도 평가됨.

- 중국 역시 내년에 시진핑 2기 정부가 출범하는 과도기를 맞으므로
  미·중 관계에서 상호 잘못된 커뮤니케이션을 할 가능성을 잘 관리해
  야 함.

▌한미동맹 양호하나 관리 중요

 - 클린턴, 트럼프 가운데 어느 후보가 대통령이 되더라도 향후 한·미
   방위비 분담 문제가 수면 위로 올라올 가능성이 있음.
- 북한문제, 사드 배치 문제, 한국의 대중국 외교, 남중국해 문제 등 한미
  동맹 관련 현안에 있어서 미국이 기대하는 한국의 역할 분담 및 기여
  확대 방안을 두고 한·미 양국간 원활한 소통이 필요함.

▌북한북핵문제에 대해 미국이 느끼는 피로감 증가

 - 미국은 북한북핵문제에 대해서 상당한 피로감을 느끼고 있으며, 특히
   미국 대선 일정과 맞물려 있어 오바마 정부의 '전략적 인내' 기조는 바
   뀌지 않을 것으로 보임.

- 북한의 핵·미사일 기술이 상당한 수준으로 발전한 가운데 미국은 마
  땅한 외교적 대안이 부족하다는 현실적인 한계에 봉착해 있으며, 비록

북핵이 중요하지만 미국의 대외정책 우선순위에서 더 많은 외교적 자산을 투입하기에는 여력이 부족한 상태임.

6. 정책 제언

가. '중국 역할' 기대보다 한국의 주도적 전략 필요

- 한국은 북한 문제에 있어 '중국 역할론'에 과도하게 희망을 걸었다가 실망한 경우를 반면교사로 삼아 주변 강대국들이 한반도에 가지는 전략적 계산과 영향력을 객관적으로 인식해야 함.

- 동시에 한국 스스로 무엇을 할 것인가에 더욱 많은 정책적 에너지를 투자하고, 북한 문제에 있어 스스로 관리 · 대응할 수 있는 주도적 전략이 필요함.

나. 미·중간 균형외교의 대안 필요

- 현재 한국 정부의 외교정책 기조는 미 · 중간 '균형 외교'라고 할 수 있으나, 점차 현실적인 도전에 직면하고 있음.

- 한국이 양 강대국간 사이에서 균형적인 외교 관계를 유지할 수 없을 때의 '대안책alternative'의 유무가 현재와 같이 유동적인 지정학적 상황에서 절실히 필요함.

다. 대중국 관계는 정책과 협상의 분리 접근이 바람직

- 최근 격동기를 거치고 있는 한·중 관계의 경험에서 볼 때, 한국의 대중국정책은 정책가와 협상가를 분리해 운용할 필요도 있음.
- 한·중 협상에 정책관련자가 참여하되, 실질적인 협상 주도 역할은 중국 문화와 중국인의 기질을 이해하는 전문적인 협상가가 담당하는 방안을 고려할 필요가 있음.

라. 미 대선주자들에 대한 한국의 정책적 입장 설명 및 협력 도모

- 미국 대통령 선거전이 예측 불가능한 양상을 보이는 바, 한국이 결과가 나올 때 까지 관망하는 자세를 취하면 자칫 '실기'할 수도 있다는 우려를 하지 않을 수 없음.

- 따라서 최종 결과를 기다리기보다는 미리부터 양쪽 진영에 한국의 기본 정책입장을 밝히는 한편, 미국 새 행정부와 긴밀한 협력을 도모하는

취지의 메시지를 전달하는 방안도 검토할 필요가 있음.

마. 동아시아 질서에 대한 올바른 진단 및 시나리오별 대비

- 동아시아 역내안보 질서에 불확실성이 증가하고 있는 상황을 직시하
  고, 다양한 시나리오를 준비해야 함.

미중이 숨겨둔 아킬레스건을 찾아서

2019년 3월 중순, 필자는 미국 '인도 · 태평양 사령부Indo-Pacific Command' 의 초청으로 화와이에 가서 강의를 했다. 그 후 도쿄를 거쳐 중국 베이징으로 가 중국 정부 관계자와 싱크탱크, 언론인, 그리고 비즈니스계 인사들을 만났다. 무역전쟁 등의 여파로 중국의 지난해 경제성장률은 28년 만에 가장 낮은 6.6%까지 떨어진 상황인데, 현지 분위기는 부정적이지만은 않다.

다국적 금융 기업의 베이징 주재원으로 나와 있는 한 인사는 "중국 경제는 확실히 나쁘다. 그런데도 여전히 주요국 평균치보다 월등히 높다"고 평가했다. 최근의 '분위기'라고 보면 될 것이다. 그런데 이러한 분위기를 무시할 수 없는 이유는, 분위기는 결국 '인식의 문제'인데, 국제 정치에서 '인식'은 '팩트'만큼이나 중요하다. 인식에 기초한 판단이 '정책'으로 그리고 '행동'으로 이어질 수 있기 때문이다.

중국은 미중 무역전쟁의 '최악의 순간은 지났다'고 본다

오해 마시라. 그것은 결코 상황이 좋아졌기 때문이 아니다. 미국이 앞으로도 '반중 정책'을 고수할 것임이 틀림없어졌다고 판단했기 때문이다. 즉, 상황은 악화되지만 적어도 미국이 어떻게 나올 지에 대한 예측성이 높아졌다. '불확실성'은 공포를 야기한다. 무역전쟁 원년인 2018년 중국 주식시장이 무려 20% 하락한 것 역시 이러한 불확실성에 대한 심리적 기제가 컸다고 중국은 보고 있다.

상황은 악화됐지만 중국은 심리적으로 훨씬 더 안정적

중국 기업들이 하나둘씩 '미국 외의 다른 시장'을 찾기 시작했다. 미국이 마음을 돌릴 가능성이 없다는 것을 알았기 때문에, 오히려 미국에 대한 의존도를 줄이고 새로운 시장에서 잘해야 한다는 '방향감'과 '목표 의식'이 더 확실해진 면이 있다. 이러한 안정을 되찾아가는 분위기를 대변하듯 중국 내부에서는 "이제야 진정한 세계화를 시작하게 되었다. 우리가 지금까지 좇았던 것은 미국화였지, 세계화가 아니었다"란 말도 나오고 있다.

중국은 '미국 없이 살아남는 방법' 찾기를 가속화 할 것

중국은 이제 미국을 포기하고 '미국을 제외한 세계화'를 추구하는 도전을 해야 하는 순간에 직면해 있다. 앞서 언급한대로 자의적 선택이 아니었기에 처음에 패닉이 컸다. 이제는 '현실'을 받아들이고 '서바이벌' 방도를 찾는 분위기가 형성되고 있다. 한 인사의 말에서는 일종의 결기도 느낄 수 있었다. "우리 중국은 내부에서 서로가 서로를 죽이던 문화혁명도 살아남았다. 우리 는 미국과의 갈등을 더 강해질 수 계기로 삼을 수 있다."

화웨이가미국정부를고소한진정한의도는미국이아닌유럽시장확보차원

미중 무역전쟁의 '상징'이 된 중국 최대 통신장비업체 화웨이가 애초 '겸 손 모드'에서 3월초 초강수 '반격 모드'로 돌아섰다. 화웨이는 미국 정부의 화 웨이 제품 사용 금지는 위헌이라며 소송을 냈다. 미국 시장에 들어갈 수 없다 는 것을 알면서도 보란 듯이 소송을 낸 것이다. 목적은 딴 곳에 있다. 독일, 영 국 등 큼지막한 유럽 시장 때문이다. 유럽은 미국과 달리 화웨이에 대해서 여 전히 유동적인 입장을 보이고 있다. 이에 화웨이는 미국 정부를 고소함으로 써 '판 흔들기'를 하는 것이다.

'우리 중국만 나쁜 것이 아니라 미국도 나쁘다. 미국은 독일 앙겔라 메르 켈Angela Merkel 총리의 휴대폰을 도청한 국가이다. 미국, 중국 둘 다 나쁘다'라 고 '양비론'을 펴면서 유럽이 화웨이에게 유럽 시장에 진출할 기회를 주기를 원한다. 화웨이는 유럽에 기반을 둔 스웨덴 통신장비업체 에릭슨의 4분의 1 밖에 안 되는 가격에 5G 인프라를 제공할 의향도 있다. 솔직히 이는 놀랄 만 큼 매혹적인 가격이다.

중국은 경제적 인센티브를 통해 미국의 '반중^{反中}' 진영 와해를 시도할 것

미국과 무역전쟁 때문에 중국이 미국 시장을 잃는다 해도 중국은 장기간 세계 2위 경제로 남을 가능성이 크다. 2018년 기준으로 세계 3위인 일본의 거의 3배 격차가 나기 때문이다. 이는 미국에게 두려운 일이다. 강하고 지속가능한 중국이란 2위의 추격을 계속 상대해야 한다는 것이다. 더구나 화웨이 기술력에서 입증되었듯이 중국의 기술은 이미 미국을 바짝 추격하고 있는 분야가 많다. 미국이 중국을 고립시키려는 노력은 쉽게 성공할 수 없다고 중국은 본다.

또한 미중 갈등 사이에서 많은 국가들이 중국이 제공하는 경제적 인센티브를 좇아 미국 '반중 진영'에서 이탈해 중국을 선택할 것이라고 본다. 실제로 2019년 3월초 이탈리아는 G7 국가 중 처음으로 중국의 일대일로^{一帶一路} 프로젝트를 공식 지지했다. 시진핑은 3월 말 이탈리아 등 유럽 국가들을 방문하는데 이는 바로 일대일로 프로젝트 우군을 유럽에서 확보하려는 계획이다.

중국은 미국을 여전히 '기울고 있는 대국'으로 보는데

최근 미중 경쟁 구도에서 매우 상징적인 일이 발생했다. 에티오피아항공이 운행하다 추락해 157명 탑승객 전원이 사망한 보잉 737 맥스 기종의 안전성 논란과 관련, 미연방항공청^{FAA}은 3월 11일 성명을 내고 "현재까지는 안전하게 비행할 수 있는 기종"이라는 초기 입장을 밝혔다. 자국 기업을 보호하기로 한 것이다.

같은 날 중국은 미국과 정반대의 조치를 취했다. 중국민용항공국^{CAAC}

는 안전 리스크 '제로' 원칙에 따라 항공사들에 737 맥스 8 기종의 운항을 중단하라고 통지했다. 미국에 반기를 든 셈이다. 그러자 미국 눈치를 보던 싱가포르, 캐나다 등 미국의 우방을 위시한 전 세계 40개국이 곧 보잉737 맥스 운항을 '올스톱'시켰다. 안전 우려에 관해 옳은 사전적 예방 조치를 한 것이지만 결과적으로 미중 사이에서 '중국편'을 든 모양새가 되었다. 한국도 3월 15일 국토부가 금지 통지문을 내보냈다 심지어 결국 미국 역시 전면 운항 금지 조치를 내렸다.

이는 작지 않는 함의가 있다. 미국이 모범적인 세계 리더 역할을 하지 않는 상황에서 중국이 상황을 리드했고, 눈치를 보던 다른 국가들이 중국의 결정을 따라한 것이다. 중국 내에서는 이를 '중국 리더십'의 상징적인 승리로 자축하는 분위기도 감지된다. 30년 후 미중 관계 역사를 회고할 때 만약 중국이 미국을 초월해 세계 패권을 장악한다면 '이 사건'은 다시 회자될 기념비적 사건이다.

* * *

쓸 것이 한참 남았는데 출판사에서 여러 차례 독촉이 들어오고 있다. 인쇄에 들어가기 막판이라 '딱 3,000자' 분량만 더 쓸 수 있다고 '경고'도 들어왔다. 그래서 다 쓰지 못하고 미완으로 마쳐야 하는 점이 아쉽다. 이는 미중 관계와 흡사하다. 미중 관계 역시 미완이고 여전히 '현재진행형'이다.

미국에서 관찰한 것을 쓰지 못했는데, 총평 차원에서 쓰자면 미국은 중국과의 샅바 싸움을 미국 패권에 대한 심각한 도전으로 보고 또 '장기전' 차원에서 전략적 준비를 하고 있다. 미국은 중국 사회주의 정치체제 지속 가능성, 시진핑 개인 권력의 건재 여부, 중국의 대외 무역과 일대일로를 통한 해외 영향력 확산, 중국과 주변 국가들과의 관계 트렌드 등을 면밀히 지켜보고 있다.

이 모든 것을 관통하는 핵심은, 미국은 지금 중국을 무너뜨릴 수 있는 여러 '아킬레스건' 중에서 가장 효과적인 옵션이 무엇인지에 대해서 끊임없이 내부적인 브레인스토밍을 하고 있다는 것이다. 여기에는 미국이 현재는 확실히 우위에 있지만 섣불리 쓰지 못하는 군사적 옵션도 있다. 대량 인명 살상으로 이어질 확전 우려가 있고, 중국이 명백한 군사적 도발을 하지 않는 한 미국은 먼저 중국에 대해 군사적 옵션을 사용한 명분이 서지 않기 때문이다. 아마도 이 때문에 중국 내부에서는 무역전쟁 와중에서 현재 잠시 중국이 고전하고 있지만, 장기적으로 볼 때 '결국 시간은 중국편'이라는 은근한 자신감을 가지는지도 모른다. 미국과 전면적 군사 충돌을 피할 수만 있다면 결국 미중 경쟁에서 중국이 승리한다는 것이다.

왕이 중국 외교 담당 국무위원 겸 외교부장은 중국의 연례 정치행사인 양회兩會, 전국인민대표대회와 정치협상회의 기간 개최한 내외신기자 간담회에서 시진핑이 2017년 10월 제19차 중국 공산당 당 대회에서 한 말을 다시 인용했다. "중국은 날로 더욱 세계무대의 중심에 가까워지고 있다中国日益走近世界舞台的中央."[72] 중국 외교부 통역사가 통역한 영어 표현은 훨씬 더 그 의미가 생생하다. "China is ever closer to the world's center stage." 미중 무역전쟁의 한

가운데 있는 중국이 보이는 상당한 자신감의 표현이다.

　한국이 미중 관계에 관심을 갖는 이유는 미중 관계에 '종속 변수'로 작용하는 지정학적 경험을 해왔기 때문이다. 미중 갈등, 상당한 질곡이 예상되는 바, 그 어느 때보다 외교 지혜를 모을 때이다.

미주

1 10월 1일인데 그날이 휴일이므로 대사관 리셉션을 며칠 앞당겨 한 것으로 짐작된다.

2 원문: "We at the Trump administration have updated our China policy to bring the concept of competition to the forefront. It's right there at the top of the president's national security strategy."

관련 기사: Jeremy Goldkorn, "Trump Official Matt Pottinger Quotes Confucius, In Chinese, To Make Point About Language And Truth", SupChina, 2018.10.1., https://supchina.com/2018/10/01/matt-pottinger-quotes-confucius-in-chinese/

3 习近平, "加强党对全面依法治国的领导", 《求是》 2019/04, 2019.2.15., http://www.qstheory.cn/dukan/qs/2019-02/15/c_1124114454.htm

4 당시 3시간 30분에 걸친 시진핑의 연설에서 서방 체제와 달리하는 '중국특색사회주의'라는 단어는 69번 인용되었다. 2위는 '중화민족의 위대한 부흥(32회)'이었다.

5 나바로의 다큐멘터리에 참여한 한 인사는 저자에게 "당시는 그런 의도로 제작되는 것인 줄 몰랐다"고 강한 불쾌감을 표하기도 했다.

6 The White House, "Statement from the Press Secretary Regarding the President's Working Dinner with China", 2018.12.1., https://www.whitehouse.gov/briefings-statements/statement-press-secretary-regarding-presidents-working-dinner-china/?utm_source=link&utm_medium=header

7 "国务委员兼外交部长王毅向中外媒体介绍中美元首会晤情况", 外交部, 2018.12.2., https://www.fmprc.gov.cn/web/wjbzhd/t1618091.shtml

8 펜스 부통령의 연설은 미국 내에서도 처음에는 그 중요성이 평가절하되었다. 러시아 스캔들 사건으로 곤욕을 치르는 트럼프 대통령이 '언론의 관심 돌리기' 용도라는 견해도 나왔고, 중간 선거를 의식한 '국내용'이라는 시각도 나왔다. 펜스 부통령 본인이 '중국 전문가'가 아니라는 지적도 있었다. 펜스가 대통령이 아니라 '부통령'이기 때문에 미국 정부의 생각을 대변하는 것은 아

니라는 주장도 제기되었다. 그럼에도 펜스 부통령의 연설에 담긴 내용이 현재 미국 조야가 중국을 어떻게 생각하고 있는지, 중국에 대해서 어떤 불만을 가지고 있는지를 잘 반영한 것이라는 것에는 칭화대 부설 칭화-카네기센터의 폴 해늘(Paul Haenle) 소장 등 전문가들도 동의한다.

9 "Interview With Hugh Hewitt of the Hugh Hewitt Show", U.S. DEPARTMENT of STATE, 2018.12.10., https://www.state.gov/secretary/remarks/2018/12/287969.htm

10 중국을 "미국의 힘과 영향력, 이익에 도전하고 미국의 안보와 번영을 와해하려고 시도하는 국가"로 규정함. (《National Security Strategy of the United States of America》, 2017.12., https://www.whitehouse.gov/wp-content/uploads/2017/12/NSS-Final-12-18-2017-0905. pdf)

11 중국을 "미국이 동맹들과 함께 만들어놓은 국제 규범과 질서에 도전"하는 국가로 규정함. https://dod.defense.gov/News/SpecialReports/2018NuclearPostureReview.aspx

12 "H.R.5515 - John S. McCain National Defense Authorization Act for Fiscal Year 2019", The U.S. Congress, https://www.congress.gov/bill/115th-congress/house-bill/5515/text

13 관련 부분 원문은 다음과 같다. "要辩证看待国际环境和国内条件的变化 · 增强忧患意识 · 继续抓住并用好我国发展的重要战略机遇期 · 坚定信心 · 把握主动 · 坚定不移办好自己的事. 要保持战略定力." (中国日报网 1면, 2018.12.14. http://language.chinadaily.com.cn/a/201812/14/WS5c1314a6a310eff303291021.html)

14 "习近平：在纪念马克思诞辰200周年大会上的讲话", 新华社, 2018.5.4., http://www.gov.cn/xinwen/2018-05/04/content_5288061.htm

15 "习近平：努力开创中国特色大国外交新局面", 新华网, 2018.6.23., http://www.xinhuanet.com/politics/leaders/2018-06/23/c_1123025806.htm

16 "为全面建成小康社会收官打下决定性基础——中央政治局会议传递2019年经济工作五大信号", 新华网,, 2018.12.13., http://www.xinhuanet.com/politics/2018-12/13/c_1123850409.htm

17 "坚定战胜困难, 应对挑战的意志和决心, 为保持我国经济持续健康发展作出新的更大贡献", 人民日报, 2018.12.14.

18 〈독일관념론이 한국사회에 미친 영향〉, http://contents.kocw.or.kr/document/

19   "(인물 특집) 시진핑: 신시대의 길잡이", 신화망(한국어판), 2017.11.17., http://kr.xinhuanet.
      com/2017-11/17/c_136759507_6.htm

20   이런 맥락에서 볼 때 중국에서 전염병 사스에 대응하고, 금융 위기에 맞섰으며, 최근의 반부패
      운동에서 소방수 역할을 한 시진핑의 측근이자 국가부주석인 왕치산(王岐山)이 대미 외교를
      책임질 것이라는 추측이 2018년 초에 많이 나오기도 했다.

21   미국의 조치에 대한 상응 보복 조치로 중국은 같은 날 미국산 제품 600억 달러 규모에 보복 관
      세를 부과했다.

22   环球时报, "社评 : 怎么做有利, 中国产业政策就该怎样", 环球时报, 2018.12.14., http://
      opinion.huanqiu.com/editorial/2018-12/13800101.html

23   "테슬라, 상하이에 연 50만대 생산공장 짓는다", 한겨레, 2018.7.11., http://www.hani.co.kr/
      arti/international/international_general/852789.html#csidx56a0e70683deb67a7b893ffc7b
      6bd5e

24   环球时报, "社评 : 怎么做有利, 中国产业政策就该怎样", 环球时报, 2018.12.14., http://
      opinion.huanqiu.com/editorial/2018-12/13800101.html

25   원문: 增强忧患意识, 继续抓住并用好我国发展的重要战略机遇期, 坚定信心, 把握主动, 坚定不
      移办好自己的事. 要保持战略定力. (人民日报, 2018.12.14., 1면)

26   Martin Wolf, "Trump has pulled off the extraordinary at the G20 - uniting Europe, China,
      India and the world against America," Martin Wolf, "Donald Trump's clash of civilisations
      versus the global community", Financial Times, 2017.7.12., https://www.ft.com/
      content/876bd8d8-658a-11e7-8526-7b38dcaef614

27   Stewart Patrick, "Echoes of American history as Trump heads to United Nations", THE
      HILL, 2017.8.30., http://thehill.com/blogs/pundits-blog/international-affairs/348524-
      echoes-of-american-history-as-trump-heads-to-united

28   트럼프-시진핑 정상 회담 평가는 〈세종정책브리핑 2017-08〉에서 볼 수 있다. http://sejong.
      org/boad/bd_news/1/egoread.php?bd=3&itm=&txt=&pg=1&seq=3727

29   吳正龍, "吳正龍, 特朗普的 "美國優先", 對世界政治有何影響？", 環球時報, 2017.8.1., http://

opinion.huanqiu.com/opinion_world/2017-08/11063809.html

30 "Just as democracy helps make the world safe for commercse, commerce helps make
    the world safe for democracy." (Ian Bremmer, 《SUPERPOWER: THREE CHOICES for
    AMERICA'S ROLE IN THE WORLD》, PORTFOLIO, 2015., https://books.google.co.kr/boo
    ks?id=RrqDBQAAQBAJ&pg=PT42&lpg=PT42&dq=Just+as+democracy+helps+make+th
    e+world+safe+for+commerce,+commerce+helps+make+the+world+safe+for+democracy
    .+clinton&source=bl&ots=W9jbLt5r3a&sig=ACfU3U3eEQ6eVhzqU7kD7Hy0rrd81myp5A&
    hl=en&sa=X&ved=2ahUKEwiCoeH7xo7hAhWLurwKHY8NB4EQ6AEwCnoECAkQAQ#v=o
    nepage&q=Just%20as%20democracy%20helps%20make%20the%20world%20safe%20
    for%20commerce%2C%20commerce%20helps%20make%20the%20world%20safe%20
    for%20democracy.%20clinton&f=false

31 다나 로라바커(Dana Rohrabacher) 미국 하원의원의 RT 텔레비전 인터뷰, 2012. 8.

32 "Bush: 'You Are Either With Us, Or With the Terrorists'", VOA, 2009.10.27., https://www.
    voanews.com/a/a-13-a-2001-09-21-14-bush-66411197/549664.html

33 "超越分歧 走向双赢", 中美智库研究报告(中方), CSIS, 2017.7.

34 Jeffrey A. Bader, 〈How Xi Jinping Sees the World...and Why〉, Foreign Policy at
    BROOKINGS, 2016.2.

35 "习近平 : 绝不拿核心利益做交易", 大公网, 2016.7.2., http://news.takungpao.com/
    mainland/focus/2016-07/3340636.html

36 "我們希望和平, 但決不牺牲国家核心利益." ("習近平 : 構建中國特色現代軍事力量體系", 華通
    訊社, 2014.8.31., http://news.xinhuanet.com/politics/2014-08/31/c_1112295195_3.htm)

37 "習近平 : 構建中國特色現代軍事力量體系", 新華通訊社, 2014.8.31., http://news.xinhuanet.
    com/politics/2014-08/31/c_1112295195_3.htm

38 Michael Pillsbury, 《The Hundred-Year Marathon: China's Secret Strategy to Replace
    America as the Global Superpower》, St. Martin's Griffin, 2015.

39 시진핑의 '평화롭지 않은 천하(天下)'에 대한 시대적 인식은 그의 연설에서도 종종 드러난다.
    그는 2013년 4월 보아오 포럼 개막식 연설에서 "천하가 여전히 평화롭지 않다(天下仍很不太

平")라고 진단했고, 박근혜 前 대통령이 참석했던 2015년 9월에 열린 열병식에서도 "세계가 여전히 평화롭지 않다(世界仍很不太平)"라고 했다. 또한 2017년 7월 30일 건군 90주년 열병식 연설에서도 다시 "천하가 평화롭지 않다(天下并不太平)"라는 발언을 반복했다.

40 "强軍之路(下)——《將改革進行到底》 第八集", 中共中央紀律檢查委員會, 2017.7.25.
    http://v.ccdi.gov.cn/2017/07/24/VIDEiPGLXN0a8yJX3wQI0QwY170724.shtml

41 张家栋·金新, "中美新型大国关系:历史, 理论与现实", 国际观察 2013 年第 5 期.

42 이언 브레머(Ian Bremer), 《리더가 사라진 세계(Every Nation for Itself)》, 다산북스, 2014.

43 이언 브레머(Ian Bremer), 《리더가 사라진 세계(Every Nation for Itself)》, 다산북스, 2014.

44 Ian Bremmer, "5 Signs We're in a 'G-Zero Era' With No World Leadership", TIME,
    2017.6.16., http://time.com/4821894/g-zero-era-no-global-leadership/

45 트럼프-시진핑 정상회담 평가는 〈세종정책브리핑 2017-08〉에서 볼 수 있음. http://sejong.
    org/boad/bd_news/1/egoread.php?bd=3&itm=&txt=&pg=1&seq=3727

46 중국 정부는 공개적으로 조선반도(한반도) 정책에 관한 '3개의 원칙(3個堅持)'을 천명하고 있
    으며 시진핑을 비롯하여 중국 외교부, 그리고 우다웨이(武大偉) 한반도사무특별대표 등 정부
    인사 모두가 한결같이 이 원칙을 언급한다. 이 원칙은 한반도의 '안정', '비핵화', 그리고 '대화/
    담판을 통한 문제 해결'이다. (2017년 8월 초 한반도사무특별대표는 우다웨이에서 쿵쉬안유
    (孔鉉佑) 중국 외교부 부장조리(차관보급)로 바뀌었다.)

47 Ash Carter, "The Rebalance and Asia-Pacific Security", Foreign Affairs November/
    December 2016, 2016.

48 다나 로라바커(Dana Rohrabacher) 미국 하원의원의 RT 텔레비전 인터뷰, 2012. 8., http://
    www.youtube.com/watch?v=8DrtTaP1fL8

49 CSIS, "超越分歧 走向双赢", 中美智库研究报告(中方), 2017.7.

50 정재호, 〈2013년 시점에서 평가하는 미중관계〉, 정책보고서, 2013.

51 Jeffrey A. Bader, 〈How Xi Jinping Sees the World...and Why〉, Foreign Policy at
    BROOKINGS, 2016.2.

52 张家栋·金新, "中美新型大国关系:历史, 理论与现实", 国际观察, 2013.5.

53 이러한 이분법적 해석은 복잡한 중국 체제를 설명하는 데 한계를 가지고 있으나 편의상 이렇게 한다.

54 이언 브레머(Ian Bremmer), 《리더가 사라진 세계(Every Nation for Itself)》, 다산북스, 2014.

55 이희옥, "한중수교 25주년 특집 인터뷰", 성균차이나 브리프 vol.44, 2017.7.

56 이는 탄핵 정국을 겪은 한국에서 가장 주요한 사회 담론으로 떠오른다.

57 "Given the close economic ties between the U.S. and China, efforts to decouple our two deeply intertwined economies should proceed with great caution." (Orville Schell and Susan L. Shirk, "COURSE CORRECTION: TOWARD AN EFFECTIVE AND SUSTAINABLE CHINA POLICY", Asia Society, 2019.2.)

58 배명복, "[배명복의 직격 인터뷰] 오빌 셸 아시아소사이어티 미·중관계센터 소장", 중앙일보, 2015.8.28., https://news.joins.com/article/18540649

59 '인도-태평양(Indo-Pacific)'에서 인도는 '인도양'을 가리키는 것이지 특정 국가를 지칭하는 것이 아니다.

60 "Prime Minister's Keynote Address at Shangri La Dialogue (June 01, 2018)", Ministry of External Affairs - Government of India, 2018.6.1., https://www.mea.gov.in/Speeches-Statements.htm?dtl/29943/Prime+Ministers+Keynote+Address+at+Shangri+La+Dialogue+June+01+2018

61 김광수, "인도, 러시아판 사드 구입 결정했지만… 중국 견제 목적에 아무 말도 못하는 미국", 한국일보, 2018.10.4.

62 "인도, '러시아판 사드' S-400 내년 10월부터 도입", 매일경제, 2019.1.3., http://news.mk.co.kr/newsRead.php?year=2019&no=5338

63 김혜경, "美,러시아판 사드 S-400 도입 강행하는 인도 제재할까?", 뉴시스, 2018.10.4., https://www.msn.com/ko-kr/news/world/%E7%BE%8E%EB%9F%AC%EC%8B%9C%EC%95%84%ED%8C%90-%EC%82%AC%EB%93%9C-s-400-%EB%8F%84%EC%9E%85-%EA%B0%95%ED%96%89%ED%95%98%EB%8A%94-%EC%9D%B8%EB%8F%84-%EC%A0%9C%EC%9E%AC%ED%95%A0%EA%B9%8C/ar-BBNU9cU

64 Niharika Mandhana, "Russia Missile Deal Puts India in U.S. Sanctions Crosshairs", THE WALL STREET JOURNAL, 2018.11.21., https://www.wsj.com/articles/russia-missile-deal-

puts-india-in-u-s-sanctions-crosshairs-1538586974

65   Niharika Mandhana, "Russia Missile Deal Puts India in U.S. Sanctions Crosshairs", THE
      WALL STREET JOURNAL, 2018.11.21., https://www.wsj.com/articles/russia-missile-deal-
      puts-india-in-u-s-sanctions-crosshairs-1538586974

      ASHLEY J. TELLIS, "How Can U.S.-India Relations Survive the S-400 Deal?",
      Carnegie Endowment for International Peace, 2018.8.29., https://carnegieendowment.
      org/2018/08/29/how-can-u.s.-india-relations-survive-s-400-deal-pub-77131

66   Niharika Mandhana, "Russia Missile Deal Puts India in U.S. Sanctions Crosshairs", THE
      WALL STREET JOURNAL, 2018.11.21., https://www.wsj.com/articles/russia-missile-deal-
      puts-india-in-u-s-sanctions-crosshairs-1538586974

67   "인도, '러시아판 사드' S-400 내년 10월부터 도입", 매일경제, 2019.1.3., http://news.mk.co.
      kr/newsRead.php?year=2019&no=5338

68   미국처럼 인도도 아시아 중시 정책을 펼치고 있다. 그래서 출범한 것이 '아시아 행동 정책(Act
      Asia Policy)'인데, 이에 대해 뉴델리 국방연구소(IDSA, Institute for Defence Studies and
      Analyses) 자가나스 판다(Jagannath P. Panda) 박사는 중국의 부상을 우려하는 역내 국가들
      이 인도를 '중국의 대안적 선택'으로 보고 있다고 지적한 후, 그러한 기대는 인도의 영향력을
      인정하는 것이어서 인도를 기분 좋게 할 수는 있지만, 그렇게 인도를 치켜세운다고 해서 인도
      가 중국을 적대시하는 정책을 실제로 취하지는 않을 것이라고 했다. 그는 인도의 외교 정책은
      역내에서 '다자주의(multilateralism)'를 추구하는 것이라 했다.

69   "윤병세 "미중 러브콜, 딜레마 아닌 축복" 작심발언 논란", 중앙일보, 2015.3.30., https://news.
      joins.com/article/17471011

70   "윤병세 "미중 러브콜, 딜레마 아닌 축복" 작심발언 논란", 중앙일보, 2015.3.30., https://news.
      joins.com/article/17471011

71   이귀원, "오바마, '미중갈등' 남중국해 겨냥 "한국, 목소리 내야"", 연합뉴스, 2015.10.17.,
      https://www.yna.co.kr/view/AKR20151017040700043

72   "国务委员兼外交部长王毅就中国外交政策和对外关系回答中外记者提问", 中华人民共和国中
      央人民政府, 2019.3.8., http://www.gov.cn/guowuyuan/2019-03/08/content_5372162.htm

참고 문헌

ㄱ

· 강남규, "'포치' 오면 중국 금융위기 겪는다", 중앙SUNDAY, 2018.12.1., https://news.joins.com/article/23171716

· 강동균, "'트럼프 너무 얕봤다'…부메랑 돼 날아온 시진핑 '중국夢'", 한국경제, 2018.8.19., http://news.hankyung.com/article/2018081952991

· 강천구, "자원 두고 벌이는 지구촌의 총성 없는 전쟁", 시사저널, 2018.1.10., http://www.sisapress.com/journal/article/173197

· 고동환, 〈미·중 무역 분쟁의 배경과 그 영향〉, 정보통신정책연구원, 2018.8.22.

· 구기보, "미중 무역 전쟁이 한국 경제에 미치는 영향", 대외경제정책연구원 중국전문가포럼, 2018.5.17., http://csf.kiep.go.kr/expertColr/M004000000/view.do?articleId=29723

· 권지언, "미중 무역갈등, '달러 중독' 중국 위안화 국제화 재촉 ? FP", 뉴스핌, 2018.10.19., http://www.newspim.com/news/view/20181019000260

· 김대기, "중국, 美원유 수입 전면 중단", 매일경제, 2018.10.4., http://news.mk.co.kr/newsRead.php?year=2018&no=619612

· 김대호, "중국, 미중 무역협상 앞두고 외국기업 기술이전 의무조항 폐지", 글로벌이코노믹, 2018.12.24., http://news.g-enews.com/view.php?ud=2018122411112836464a01bf698f_1&md=20181225081752_K

· 김세형, "[김세형 칼럼] 美中 경제전쟁의 본질", 매일경제, 2018. 3. 27., http://news.mk.co.kr/column/view.php?sc=30500026&year=2018&no=196251

· 김연규, "[시사 인사이트] 미-중 '무역전쟁' '기술전쟁', 그 이면엔 '해군력 전쟁' - 한반도 死活적 상황으로 가고 있다", 여시재, 2018. 12. 7., https://www.yeosijae.org/posts/553#

· 김영익, "[김영익칼럼] 미중 무역전쟁, 중국 금융자유화 촉진 계기", 아주경제, 2018. 7. 26., https://www.ajunews.com/view/20180708124614906

· 김정우, "무역 전쟁·남중국해 충돌·톈안먼 신경전까지… 미·중 '3각 전선'", 한국일보, 2018. 6. 4., http://www.hankookilbo.com/News/Read/201806041738074000

· 김종환, "제국주의론으로 보는 미중 무역 갈등", 노동자 연대, 2018. 4. 12., https://wspaper.org/article/20273

ㅁ

· 모종혁, "[르포] 中 광둥의 성장 신화 끝나나…재고 쌓이고 텅 빈 공장들", 시사저널, 2018. 12. 17., http://www.sisapress.com/news/articleView.html?idxno=179158

ㅂ

· 박태호, 〈미·중 무역전쟁의 배경과 전망〉, 법무법인 광장, 2018. 7. 17.

· 박현영, "[박현영의 글로벌 인사이트] 2018년 미·중 무역 갈등, 씨앗은 2001년 뿌려졌다", 중앙일보, 2018. 9. 27., https://news.joins.com/article/22999741

· 박현영, "시진핑 경제 책사도 비판한 '중국제조 2025', 미 압박에 수정되나", 중앙일보, 2018.12.13., https://news.joins.com/article/23207764

ㅅ

· 손재권, "[World & Now] 美·中 무역전쟁의 첫 희생자", 매일경제, 2018.12.18., https://opinion.mk.co.kr/view.php?sc=30500177&year=2018&no=786362
· 송창섭·이민우, "트럼프, 5개의 화살로 '中國夢' 무너뜨린다 (下)", 시사저널, 2018.8.10., http://www.sisajournal.com/journal/article/176886
· 심재우, "[뉴스분석] 환율조작국 지정 피한 중국, 길어야 6개월 시간 번 셈", 중앙일보, 2018.10.19., https://news.joins.com/article/23050824
· 심재훈, "미중 무역전쟁 속 시진핑 UAE 도착…우군 확보전 '시동'", 연합뉴스, 2018.7.20., https://www.yna.co.kr/view/AKR20180720041400083

ㅇ

· 오광진, "미국, 中 환율조작국 뺐지만 "중국에 깊은 실망"…집중 관찰 의지", 조선일보, 2018.10.18., http://news.chosun.com/site/data/html_dir/2018/10/18/2018101800998.html
· 오광진, "필리핀의 '친중탈미'…중국과 남중국해 자원 공동개발 합의", 조선일보, 2018.11.21., http://news.chosun.com/site/data/html_dir/2018/11/21/2018112101048.html
· 유장희, "[테마진단] 미소냉전 vs 미중냉전", 매일경제, 2018.12.13., https://opinion.mk.co.kr/view.php?sc=30500108&year=2018&no=776970

· 유혜영, "트럼프가 벌이는 무역 전쟁의 이면", 시사IN, 2018.3.8. https://www. sisain.co.kr/?mod=news&act=articleView&idxno=31348

· 이종태, "'공산당'과 '시장경제'는 지속적으로 양립 가능할까?", 시사IN, 2018.4.11., https://www.sisain.co.kr/?mod=news&act=articleView&idx no=31592

· 이종태, "미·중 무역전쟁에 대처하는 두 정상의 태도", 시사IN, 2018.12.18., https://www.sisain.co.kr/?mod=news&act=articleView&idxno=33417

· 이종태, "미국과 중국의 '세계의 공장' 쟁탈전", 시사IN, 2018.11.26., https:// www.sisain.co.kr/?mod=news&act=articleView&idxno=33260

· 이종태, "세계 금융시장에 엄습한 불안", 시사IN, 2018.11.8., https://www. sisain.co.kr/?mod=news&act=articleView&idxno=33086

· 이종태, "존재감 없는 중국 위안화", 시사IN, 2018.11.26., https://www.sisain. co.kr/?mod=news&act=articleView&idxno=33261

· 이종태, "트럼프의 주적, 중국 국가 자본주의", 시사IN, 2018.11.26., https:// www.sisain.co.kr/?mod=news&act=articleView&idxno=33258

ㅈ

· 장경덕, "[장경덕 칼럼] 중국이라는 용의 발톱", 매일경제, 2018.6.5., http:// news.mk.co.kr/newsReadPrint.php?year=2018&no=357202

· 정다슬, "美 무역전쟁 맞서…자유무역시장 확대하는 일본", 이데일리, 2018.7.18., http://www.edaily.co.kr/news/read?newsId=0242064661927583 2&mediaCodeNo=257

· 정욱·김대기, "日 '일대일로' 첫 동참…무역전쟁속 가까워지는 시진핑·아베", 매일경제, 2018. 7. 20., http://news.mk.co.kr/newsRead.php?year=2018&no=458587

· 정유신, "[정유신칼럼] 미국이 화웨이를 어떻게 할까", 아주경제, 2018. 12. 21., https://www.ajunews.com/view/20181220171251199

· 정태인, "미국에 유리해 보이지만 불리한 싸움", 시시IN, 2018. 4. 27., https://www.sisain.co.kr/?mod=news&act=articleView&idxno=31705

· 조계완, "미-중 무역분쟁, 트럼프가 '협상'으로 선회하는 까닭은?", 한겨레, 2018. 11. 5., http://www.hani.co.kr/arti/economy/economy_general/868886.html

· 조슬기나, "[전문가가 본 신남방] "미중갈등 위험에서 '선제적 헤징' 역할 해야"", 아시아경제, 2018. 9. 27., http://www.asiae.co.kr/news/view.htm?idxno=2018092309043603318

· 조현숙, "미·중 무역전쟁, 승자는 다른 곳에…웃고 있는 베트남·태국·인도·멕시코", 중앙일보, 2018. 9. 19., https://news.joins.com/article/22987232

ㅊ

· 차대운, "미중, 무역부터 외교·군사까지 '삐걱'…'신냉전' 그림자", 연합뉴스, 2018. 9. 24., https://www.yna.co.kr/view/AKR20180924021600089

· 최원식, "[매경의 창] 글로벌경제 中의 원원 전략", 매일경제, 2018. 12. 21., http://news.mk.co.kr/column/view.php?year=2018&no=794854

· 최자영, "미중 무역 전쟁, 진짜 원인은 첨단산업 획득 전쟁", 프레시안,

2018. 9. 7., http://www.pressian.com/news/article/?no=209908

ㅎ

· 한우덕, ""쫄지 마라, 누군가에게는 더 큰 기회가 열린다!"", 중앙일보, 2018. 10. 12., https://news.joins.com/article/23042966

· 한우덕, "미중 무역전쟁, 중국이 쫄 수밖에 없는 이유", 중앙일보, 2018. 8. 17., https://news.joins.com/article/22894154

· 한우덕, "중국이 '중동의 경찰'에 관심을 보이는 이유", 중앙일보, 2017. 4. 11., https://news.joins.com/article/21461149

· 황희경, "미중 무역전쟁, 승자는? - 중국의 시각", 피렌체의 식탁, 2018. 10. 2., https://firenzedt.com/?p=2024

미중전쟁의 승자,

누가 세계를 지배할 것인가? **중국편**

초판 1쇄 발행 · 2019년 4월 15일
초판 4쇄 발행 · 2019년 6월 15일

지은이 · 이성현
펴낸이 · 김동하

펴낸곳 · 책들의정원
출판신고 · 2015년 1월 14일 제2016-000120호
주소 · (03955) 서울시 마포구 방울내로9안길 32, 2층(망원동)
문의 · (070) 7853-8600
팩스 · (02) 6020-8601
이메일 · books-garden1@naver.com
블로그 · books-garden1.blog.me

ISBN · 979-11-6416-009-9 (03320)
　　　　979-11-6416-008-2 (세트)